BLV Garten- und Blumenpraxis

Inge Kirschenho

Der Kleingarten

Planen, gestalten, bepflanzen und pflegen

BLV Verlagsgesellschaft
München Wien Zürich

CIP-Kurztitelaufnahme der Deutschen Bibliothek

Kirschenhofer, Inge:
Der Kleingarten: Planen, gestalten, bepflanzen
u. pflegen / Inge Kirschenhofer. –
München; Wien; Zürich: BLV Verlagsgesellschaft, 1986.
(BLV Garten- und Blumenpraxis; 334)
ISBN 3-405-13222-3

NE: GT

Bildnachweis

Apel 82 o, 82 u, 88, 96
Burchardt 103
Daudt 117 u
Dittmar 113
Felbinger 47
Kleiner 60, 64 m, 85, 89, 101 o
Pfletschinger/Angermayer 115 m, 115 u, 116, 117 o, 118 l
Reinhard/Angermayer 115 o
Reinhard 35
Sammer 11, 19, 52 o, 52 u, 63, 64 u, 86, 111, 118 r
Schrempp 64 o
Seibold 24 o, 24 u, 43, 44, 45, 67 u, 71 o, 71 u, 73
Seidl 42, 67 o, 69
Stehling 8, 23
Stangl 2, 6, 9, 10, 12, 13, 14, 16, 18, 21 o, 21 u, 33, 34, 37, 39, 40, 42, 48, 49, 50, 51, 54, 55, 57, 61, 65, 70, 75, 76, 77, 79, 81, 83, 91, 92, 93 o, 93 u, 94, 95, 97, 98 o, 99 o, 99 u, 100, 101 u, 105, 106 l, 106 r, 109 o, 109 u, 121
Streicher 102
Wothe 98 u

Titelbild: Martin Stangl

Zeichnungen: Marlene Gemke

BLV Garten- und Blumenpraxis 334

Gesamtherstellung: R. Oldenbourg, München

Printed in Germany · ISBN 3-405-13222-3

BLV Garten- und Blumenpraxis

301 Gartenblumen
302 Gartenarbeit richtig gemacht
303 Kakteen und andere Sukkulenten
304 Bonsai
305 Ziergehölze
306 Obstbaumschnitt
307 Obstanbau im eigenen Garten
308 1×1 der Hydrokultur
309 Blattpflanzen für jede Wohnung
310 Gartengestaltung
311 Gemüseanbau im eigenen Garten
312 Gestalten mit Blüten und Blumen
313 Steingärten
314 Der gesunde Gartenboden
315 Biologischer Pflanzenschutz
316 Balkon- und Terrassengärten
317 Rosen
318 1×1 des Bio-Gärtnerns
319 Der Garten in den Jahreszeiten
320 Der naturgemäße Kräutergarten
321 Der Heidegarten
322 Gärtnern mit Kindern
323 Orchideen für zu Hause
324 Wassergärten
325 Rasen, Wiese, Bodendecker
326 Beerenobst für jeden Garten
327 Gärtnern im Kleingewächshaus
328 Naturnahe Gärten
329 Blumenbeete und Rabatten richtig gestalten
330 Mischkulturen für Flach- und Hügelbeete
331 Kletterpflanzen
332 Die schönsten Kübelpflanzen
333 Hecken für jeden Garten
334 Der Kleingarten
335 Nützlinge und Schädlinge im Garten
337 Der liebe Nachbar

Inhalt

Einführung

Seit der Leipziger Arzt Dr. Schreber vor über hundert Jahren den Grundstein für das Kleingartenwesen legte, haben die Pachtgärten einen großen Wandel erlebt. Sie sind seit langer Zeit einer breiten Bevölkerungsschicht aus fast allen Berufen zugänglich geworden.
Es gibt sie nicht mehr, die alten Bretterbuden von einst mit dem Gerümpel drum herum. Sie haben hübschen, gefälligen Gartenhäusern Platz gemacht, in denen eine familienfreundliche Freizeitgestaltung möglich ist. Kleingärten hatten früher eine überwiegend wirtschaftliche Aufgabe. Vor allem während der beiden Weltkriege und in den schlechten Zeiten danach wurde jeder Quadratmeter genutzt, um den häuslichen Speiseplan mit Obst und Gemüse aufbessern zu können.
Seit einigen Jahren ist besonders in den Großstädten die Nachfrage nach Kleingärten enorm gestiegen. Vor allem Familien mit Kindern möchten aus der Enge ihrer Etagen- oder Eigentumswohnungen heraus, wollen dem dichten Straßenverkehr entgehen und in einem eigenen Garten Ruhe und Entspannung finden. Hier kann sich der einzelne inmitten der Natur entfalten, kann schöpferisch tätig sein und den Kontakt zu Freunden und Nachbarn pflegen.
Nicht zuletzt muß an die Kinder gedacht werden, für die der Garten eine neue Erlebniswelt ist. Sie lernen auf spielerische Weise den Umgang mit Pflanzen und Tieren. Damit sich auch die Jüngsten ihrem Spieltrieb hingeben können, läßt sich bestimmt ein hübsches Plätzchen für Sandkasten und Planschbecken finden.
Auch das Vereinsleben kommt nicht zu kurz. Es findet sich immer wieder Gelegenheit, gemeinsam zu feiern, sei es, um das neue Gartenjahr zu eröffnen, eine Sonnwendfeier zu veranstalten oder um das Erntedankfest zu begehen. Die Gartenfreunde lernen sich dabei in einer lockeren, fröhlichen Atmosphäre kennen und stellen fest, daß es in einer Kleingartenanlage doch viele Gemeinsamkeiten gibt.
Aller Anfang ist schwer, und Mißerfolge werden sich immer wieder mal einstellen, vor allem bei Neulingen, die noch nie Gelegenheit hatten, sich gärtnerisch betätigen zu können. Das soll Sie aber nicht entmutigen. Deshalb sollen hier ein paar Möglichkeiten aufgezeigt werden für die Anlage eines Kleingartens. Egal, ob ein Gartenfreund mehr zum Anbau von Obst und Gemüse neigt oder ob mit viel Geschick ein blühendes Paradies gestaltet wird, beides macht unheimlich viel Spaß.
Bei dieser Gelegenheit möchte ich noch meinen Dank an Herrn Martin Stangl, dem Autor des Standardwerkes »Mein Hobby, der Garten«, aussprechen, von dem ich wertvolle Informationen aus seinem großen Erfahrungsschatz erhalten habe.

Kleingartenidylle eines dichtbesiedelten Wohngebietes.

Grundlagen der Pacht

Viele werden sich interessieren, wie man überhaupt zu einem Kleingarten kommt, möglichst noch in der Nähe der Wohnung.
Verpächter der traditionellen Kleingärten sind überwiegend Städte und Gemeinden, Kleingartenverbände und die Bundesbahn. Am besten, Sie sehen im örtlichen Telefonbuch unter »Kleingartenverband« oder »Kleingartenverein« nach. Dort bekommen Sie die ersten Auskünfte. Oder aber Sie suchen eine ältere Kleingartenanlage in Ihrer Umgebung auf und erkundigen sich beim Vorstand, ob nicht eventuell eine Parzelle frei wird.
In vielen Städten ist allerdings die Zahl der Bewerber für einen Pachtgarten recht hoch. In diesen Fällen werden bei den einzelnen Vereinen Vormerklisten geführt, in die man sich als passives Mitglied eintragen lassen kann und dafür einen geringen jährlichen Mitgliedsbeitrag entrichtet.

Kosten

Pachtgärten können nicht frei verkauft werden. Bei Übernahme eines bereits fertigen Gartens, also bei Pächterwechsel, ermittelt ein Sachverständiger den Wert von Pflanzung und Baulichkeiten, soweit diese im Rahmen der kleingärtnerischen Nutzung üblich sind. Mobiliar, Gartengeräte, Grill etc. sowie Sonderausrüstungen im und am Haus werden dabei nicht bewertet. Handelt es sich um eine Gartenneuanlage, muß man schon etwas tiefer in die Tasche greifen.
Die Preise für die in den einzelnen Bundesländern üblichen Haustypen (10–20 m^2) bewegen sich derzeit zwischen 8000 DM und 12000 DM, je nach Größe und Art. Dazu kommen noch Auslagen für bauliche Extras wie Isolierung, Heizung, Licht, Dachrinne, Außenanstrich, Diebstahlsicherung, Wasserbecken und eventuell Erschließungskosten. Muß die Laube selbst erstellt werden, sollten Sie sich an die in der Anlage gültigen Bauvorschriften halten, damit Sie sich Ärger ersparen. Weiter ist mit einer durchschnittlichen jährlichen Belastung von ca. 250 DM zu rechnen. Darin ist zum einen die Pacht enthalten. Eine Höchstpachtzins-Regelung ist im Kleingartenrecht festgelegt, um Auswüchse zu vermeiden. Zu den laufenden Kosten gehören außerdem noch Verbandsbeitrag, Vereinsbeitrag, Feuer- und Diebstahlversicherung und Wasserkosten.

Pachtrecht

Am 1.4.1983 ist ein neues Bundeskleingartengesetz in Kraft getreten, das die Definition des Kleingartens

Kleingarten-Neuanlage in Nürnberg.

enthält. Mit dieser Aussage soll sichergestellt werden, daß die Kleingärten »in ihrem Charakter und in ihrer Funktion erhalten bleiben«. Das heißt, daß einerseits die Interessen der Kleingärtner Berücksichtigung finden müssen und andererseits der Bedeutung von Kleingartenanlagen als gemeindliche Grünfläche und Naherholungsmöglichkeit Rechnung getragen wird. Um dies zu gewährleisten, wurden eine Reihe von Nutzungsbeschränkungen vereinbart. So darf der Kleingarten nur zur Gewinnung von Erzeugnissen für den Eigenbedarf dienen und nicht zum erwerbsmäßigen Anbau genutzt werden. Genauso wird eingeschränkt, daß ein Garten nicht nur aus Rasenbewuchs und Zierpflanzung bestehen darf.

Beschränkungen aus Rücksicht
Großgehölze, die eine Höhe von über 4 m erreichen, dürfen nicht gepflanzt werden. Aus dem Rahmen fallende große Gewächshäuser und Schwimmbecken werden nicht genehmigt. Bei vielen Artikeln, wie sie in verschiedenen Fachzeitschriften angeboten werden, ist Vorsicht geboten. Nicht alles ist überall erlaubt. Im Zweifelsfalle können Sie von Ihrem Vereinsvorstand erfahren, was machbar ist und was nicht.
Ebenso ist es wohl selbstverständlich, so ein kostbares und begehrtes Stück Land nicht verwildern zu lassen, auch wenn die Naturliebe noch so groß ist und das Unkrautjäten nicht gerade Begeisterungsstürme hervorruft. Leider gibt es immer wieder Probleme mit »schwarzen Schafen«, die lediglich in ihren Garten kommen, um sich dort zu sonnen, und die nur gelegentlich ein bißchen in der Erde herumstochern. Gerade in solchen Fällen

Kleingarten-Anlage in Amberg.

wird das Wort »Öko-Garten« allzusehr strapaziert. Dabei wird übersehen, daß auch ein ökologischer Garten nicht sich selbst überlassen werden kann, sondern ebenso die pflegende Hand des Gärtners braucht wie ein herkömmlicher Garten.

Um die im Rahmen einer Gemeinschaft erforderlichen Rücksichten zu gewährleisten, sind Bepflanzungsbeschränkungen vorgesehen. So manch einer würde sich vielleicht einen kleinen Wald von Koniferen in seinen Garten setzen, der den Nachbarn eine Menge Schatten und Ärger mit den Wurzeln beschert.

Für die Größe der Lauben ist eine Höchstgrenze von 24 m^2 einschließlich überdachtem Freisitz vorgegeben. Dadurch soll vermieden werden, daß Wochenendhaus-Siedlungen entstehen mit allem Komfort, die eventuell zu Urlaubs- oder sogar Dauerwohnungen umfunktioniert werden können.

Tierhaltung, wie sie in Notzeiten einmal üblich und gestattet war, ist heute nicht mehr möglich. Wer Gänse, Enten, Hühner oder Stallhasen um sich haben möchte, müßte einen Urlaub auf dem Bauernhof machen. Bei einer Parzellengröße von ca. 300 m^2 ist es unmöglich, an eine Auslauffläche für Geflügel zu denken; ganz abgesehen von der Lärm- und Geruchsbelästigung der Nachbarn. Außerdem müßte ein Zaun installiert werden, um eigene

Kleingärten als Grünzone zwischen Wohnsilos.

Kulturen und die der Nachbarn vor dem lieben Federvieh zu schützen.

Unterschiedliche Gartenordnungen

Auch wenn es nun so wirken kann – es ist keineswegs so, daß in Gartenanlagen so ziemlich alles verboten ist. Für den einzelnen Hobbygärtner besteht noch viel Freiraum, in dem er sich samt der ganzen Familie nach Herzenslust entfalten kann. Bei den jeweiligen Stadtverbänden gibt es ergänzende Bestimmungen zum Bundeskleingartengesetz, die die Ausführungen präzisieren und unter Umständen sogar weitere Freiheiten zulassen. Da die Pachtverträge zwischen diesen Verbänden zum Teil sehr voneinander abweichen, ist es auf alle Fälle ratsam, sich den jeweils für Ihren Bereich gültigen Pachtvertrag mit der zugehörigen Gartenordnung zu besorgen.

Die Gartenlaube

Das Haus

Wer sein Haus selbst baut, tut gut daran, wenn er den größtmöglichen Haustyp wählt. Im Laufe der Zeit nämlich sammelt sich allerhand an Gerätschaften, Düngemitteln oder Gartenmöbeln an, die in einer kleinen Laube nur sehr schwierig untergebracht werden können. Die Größe der Gartenlaube einschließlich überdachtem Freisitz darf aber, wie schon erwähnt, 24 m^2 nicht übersteigen.
Das Gartenhaus ist grundsätzlich auf ein Fundament zu stellen, das bis in Frosttiefe reichen muß. Nach oben soll des Fundament noch 20 cm aus dem Boden ragen, damit sowohl der Fußboden als auch die unteren Bretter der Außenverkleidung nicht faulen. Wenigstens auf zwei Seiten sollen Gittersteine eingesetzt werden, um eine gute Durchlüftung des Unterbodens zu gewährleisten. Die Schlitze dieser Steine müssen sehr schmal sein, um den Mäusen keinen Einschlupf zu geben.
Bei der Abdeckung der Laube kann variiert werden. Well-Eternit gibt es jetzt auch in rotbrauner Farbe, was wesentlich besser zu dem Holz der Laube paßt als die grauen Platten. Andere Laubenbesitzer setzen lieber Schindeln auf; das könnte dem persönlichen Geschmack des Kleingärtners überlassen bleiben.
Leider werden aber in den meisten Neuanlagen von den Kleingartenämtern nur wenige bestimmte Haustypen vorgegeben, von denen nicht abgewichen werden darf, was manchmal sehr eintönig aussieht.

Freundliche Kleingartenromantik.

Holzlaube eines neueren Haustyps.

Da es auch in der Regel nicht möglich ist, zwischen Holz- oder Steinbauten zu wählen, sind dem Erfindungsgeist der Gartenfreunde in dieser Hinsicht enge Grenzen gesetzt.
Bleibt also nur übrig, durch eine hübsche Gartengestaltung einen gewissen Ausgleich zu schaffen. Auch im Inneren der Laube kann man es mit etwas Geschick recht gemütlich machen.

Die Inneneinrichtung

Da wäre als erste Möglichkeit eine Innenverkleidung, auf die man schon deshalb nicht verzichten wird, weil so eine Laube sonst oft eine recht luftige Angelegenheit ist. Als Zwischenisolierung haben sich Styroporplatten, Glaswolle und Dachpappe bewährt. So ist der Innenraum weitgehend vor Feuchtigkeit und Kälte geschützt. Auf diese Isolierungen kann man dann sehr gut Nut- und Federbretter aufbringen. Die Decke kann dabei beliebig variiert werden: entweder als Flachdecke oder, entsprechend dem Hausdach, schräg nach oben verlaufend unter Einbeziehung des Dachgebälks. Letztere Lösung finde ich sinnvoller, weil dadurch der Raum luftiger und höher wird. Solche Wand- und Deckenverkleidungen geben dem Raum eine wohnliche Atmosphäre. Die Bretter sind oft recht günstig als zweite Wahl bei Großmärkten und Bastlerbetrieben zu haben.

Die Gartenlaube

Um den Fußboden wärmer und pflegeleichter zu machen, wird vielfach Linoleum oder Stragula verlegt. Solche Beläge müssen aber im Winter unbedingt entfernt werden, will man nicht Gefahr laufen, daß der Boden darunter anfängt zu modern und zu faulen. Die Fußbodenbretter brauchen Luft, um die aus dem Unterboden der Laube aufgenommene Feuchtigkeit wieder abgeben zu können. Damit Sie trotzdem warme Füße haben, können kleine Fleckerlteppiche oder Bastmatten ausgelegt werden. Sie sind leicht zu reinigen und geben dem Raum zusätzlich Behaglichkeit. Die Inneneinrichtung sollte ansonsten so schlicht als möglich gehalten sein, im Kontrast zum häuslichen Wohnzimmer. Eine Eckbank mit Sitzpolstern, einige dazu passende Stühle und ein Auszugstisch wären die passende Inneneinrichtung für so eine Laube. Ein kleines Schränkchen zur Unterbringung von Gläsern und Eßgeschirr findet sicher seinen Platz. Dazu könnte noch ein Doppelstockbett eingebaut werden, das ebenfalls mit Nut- und Federbrettern verkleidet wird. Dadurch hat man die Möglichkeit, an den Wochenenden

Eine Holzverkleidung im Innern der Laube und die dazu passenden rustikalen Möbel geben dem Raum eine anheimelnde Atmosphäre, die zum gemütlichen Beisammensein geradezu einlädt.

zusammen mit der Familie ausgiebig den Garten zu genießen und dort auch mal zu übernachten.

Beleuchtung und Heizung

Kerzenlicht ist zwar sehr romantisch, aber für eine Gartenhausbeleuchtung doch etwas zu wenig. Da Strom- und Wasseranschlüsse in den Lauben von den meisten Gartenbauämtern nicht zugelassen werden, muß man sich eben anders behelfen. Zum einen besteht die Möglichkeit, mit Hilfe einer Autobatterie Licht ins Dunkel zu bringen. Die Batterie muß allerdings von Zeit zu Zeit nachgeladen werden, je nach Belastung. Das hierbei notwendige Elektromaterial wie Dosen und Lämpchen gibt es bei Autozubehör-Läden und Elektro-Fachhändlern.
Eine andere Möglichkeit ist die Beleuchtung mit Hilfe von Propangas. Dies dürfte wohl die am meisten verwendete Art sein, zumal auch noch die Möglichkeit besteht, andere mit Gas betriebene Geräte anzuschließen. So werden zum Beispiel gerne zweiflammige Gaskocher verwendet, die vollauf genügen, um Essen zubereiten zu können. Eine Alternative hierzu wäre die Stromentnahme aus einer Batterie, die von Solarzellen gespeist wird. Ich bin überzeugt, daß es Stadtgartenämter gibt, die ihre Genehmigung dazu erteilen, da die Kapazität derart kleiner Anlagen so gering ist, daß die Laube deswegen noch nicht zu Dauerwohnzwecken mißbraucht werden kann.
Solarstromerzeugung ist allerdings eine nicht ganz billige Angelegenheit. Allein die Grundausstattung mit Solarpanel (Spitzenleistung 33 W), Lade- und Entlade-Regler und eine Batterie für 12 V Gleichspannung beläuft sich auf ca. 1600 DM. Wer kleine Geräte für Wechselstrom anschließen möchte, bräuchte dazu noch einen Wechselrichter zur Erzeugung von Wechselspannung von 220 V, für den nochmals 800 DM dazugerechnet werden müssen. Die Kosten für solche Anlagen sind allerdings ständig in Bewegung.
Bei Pächterwechsel zählt so etwas als Sonderausstattung, die bei der Bewertung nicht berücksichtigt werden kann.
Wer in Ihrem Wohnbereich eine solche Solaranlage installieren kann, erfahren Sie bestimmt in einem guten Elektrofachgeschäft. Damit Sie keine Schwierigkeiten mit Ihrem zuständigen Stadtbauamt bekommen, erkundigen Sie sich besser vor dem Kauf einer solchen Anlage, ob die Genehmigung erteilt wird.
Auch Gasheizungen sind gut geeignet. Wir haben in unserem Gartenhaus einen Heizkörper an der Wand installiert, kombiniert mit einer Vorrichtung, die von außen Frischluft ansaugt und Abluft nach draußen bringt. Das ist sehr wichtig, weil der

Sauerstoffverbrauch in einem mit Gas beheizten Raum sehr groß ist. Für den Betrieb dieser oder ähnlicher Gasgeräte kauft man in Fachgeschäften Gasflaschen, die mit Sicherheitsverschraubungen versehen sind. Die gesamten Anschlüsse der Geräte aber müssen von einem qualifizierten Gasfachmann vorgenommen werden. Solche Sicherheitsauflagen sollen helfen, Unfälle zu vermeiden.

Man wird fragen, wozu eine Heizung in einer Gartenlaube gut sein soll. Nun, wir sitzen gerne mal am Wochenende mit Freunden zusammen, auch an kühlen Abenden. Im Frühjahr und Herbst, wenn die meiste Gartenarbeit anfällt, ist man froh, einen warmen Raum zu haben, um sich umziehen und genüßlich eine Tasse Tee trinken zu können. Selbst im Winter besuchen wir gerne unser Gärtchen, schütteln da und dort Schnee von den Bäumen, machen Pläne für das nächste Jahr und lassen uns dabei einen steifen Grog oder ein Glas Glühwein schmecken.

Kleiner Kühlschacht für Essen und Getränke.

Ein Kühlschacht

Für Wärme und Licht wäre also gesorgt. Aber wo findet man im Sommer ein kühles Plätzchen zum Aufbewahren von Essen und Getränken? Einige haben sich kleine Kühlschränke zugelegt, die an das Gas angeschlossen werden. Andere lösten das Problem, indem sie im angrenzenden Geräteraum des Gartenhauses einen Kühlschacht aushoben. Diesen Schacht kann man nun einschließlich Boden ausbetonieren, oder aber man mauert die Grube nur seitlich und stampft den Boden mit Lehm fest. Obenauf kommt ein gut abdichtender Holzdeckel, der sich gut in den Fußboden einfügt.

Mit Hilfe dieser Konstruktionen kann man sich auch an den heißesten Tagen ein kühles Bierchen schmecken lassen.

So ein Schacht läßt sich im übrigen auch im Winter als Vorratslager für das Obst verwenden. Man kann dazu noch ein Styroporkistchen nehmen, um sicherzugehen, daß keine Frostschäden entstehen.

Ideal wäre, wenn das Gartenhaus ganz unterkellert werden dürfte.

Das leidige Problem mit der Frischhaltung von Gemüse den Winter über wäre damit gelöst. In einem solchen Kellerraum ließe sich Obst und Gemüse aus dem eigenen Garten in idealer Weise lagern, nachdem die Keller in den Wohnhäusern für die Lagerhaltung meist nicht geeignet sind, weil sie zu warm und zu trocken sind. Es gibt auch schon Städte, in denen dies erlaubt ist; in der Mehrzahl der Gartenordnungen aber ist solch ein Ausbau untersagt, weil befürchtet wird, die Laube könnte zu Dauerwohnzwecken benutzt werden.

Der Geräteraum

Für die Unterbringung der Geräte ist bei den neueren Haustypen im rückwärtigen Teil der Laube ein kleiner Raum vorgesehen. Im Laufe der Zeit sammelt sich dort einiges an mehr oder weniger nützlichen Dingen an, die untergebracht werden müssen. Wir haben dafür einen Gerätehalter sowie kleine Bretter an der Wand angebracht mit Haken und Nägeln, an denen alle Geräte aufgehängt sind. Das hat sich als sehr platzsparend und übersichtlich bewährt. Eine Werkzeugkiste außerhalb des Hauses zur Unterbringung der Gerätschaften, wie sie von einigen Stadtbauämtern vorgeschlagen wurde, hat sich als zu unpraktisch erwiesen, weil das ganze Werkzeug aufeinander liegt und bei jedem Einsatz eines Gartengeräts erst einmal alles aus dem Weg geräumt werden muß, was nicht gebraucht wird.

Sanitäre Anlagen

Es gibt nicht viele Gartenanlagen, in denen eine Gemeinschaftseinrichtung (Vereinsheim) für die dringendsten Bedürfnisse zur Verfügung gestellt wird. Bei der überwiegenden Mehrheit steht ein Trockenklo in der Gartenlaube, wie sie auch in Campingwägen zu finden sind. In diese Kübel gibt man etwas Wasser und ein Mittel, das geruchsbindend und antibakteriell wirkt. Aber Vorsicht beim Kauf solcher Präparate! Auf dem Markt befinden sich einige sehr giftige Chemikalien, die Sie auf keinen Fall verwenden sollten, da alles später auf den Kompost geleert wird. Ein weitgehend biologisches Mittel genügt vollkommen; man kann auf den Kompost noch zusätzlich Kalkstickstoff aufstreuen; dieser desinfiziert und liefert zusätzlich Nährstoffe. Solch eine Komposterde kann später bedenkenlos verwendet werden.
Einige Kleingärtner helfen sich damit, indem sie in irgendeiner Ecke des Gartens ein Loch graben. Diese Art von Beseitigung sollte lieber nicht angewandt werden, weil das Grundwasser damit belastet wird.

Regenwasser-Abfluß

Im Außenbereich der Laube gibt es noch einiges an Arbeit. Da ist zunächst einmal die Dachrinne. Es gibt sie in verschiedenen Ausfüh-

Dachrinne aus verzinktem Eisenblech.

rungen und Preislagen. Die etwas teurere Ausführung in verzinktem Eisenblech hat dabei auf alle Fälle den Vorteil, daß sie jeder Witterung standhält. Die Plastik-Dachrinnen an unserer Laube wurden in einem Winter vom Schnee zerdrückt, und im letzten Jahr hat sie der Hagel durchsiebt.

Es wäre schade, wenn das Regenwasser direkt in den Boden abfließen würde. Zumindest die Zierpflanzen (vor allem Rhododendron, Primeln etc.) sind dankbar für das weiche Regenwasser, auch wenn es inzwischen häufig im Ruf steht, zu sauer zu sein. Im Handel sind zwar ganz gefällige Regentonnen zu haben, in die das Wasser abgeleitet werden kann, sie können sich aber von der optischen Wirkung her mit einem Holzfaß nicht messen.

Der Boden unter dem Faß muß so weit ausgehoben werden, bis man an die Kies- oder eine andere wasserdurchlässige Schicht kommt. Das ist wichtig, weil bei längerem Regen das vom Faß überlaufende Wasser im Boden versickern soll. Das ausgehobene Loch wird bis etwa 15 cm unter Erdoberfläche mit Steinen oder Geröll ausgefüllt, je nachdem, was man gerade zur Verfügung hat. Dann wird das Faß daraufgestellt und mit gewaschenen Kieseln verschiedener Größe umgeben. Um diese Wasserstelle kann man dann Stauden pflanzen, die zum Wasser passen, wie z. B. Iris, Trollblumen, Blutweiderich, Primeln oder verschiedene Gräser. Auf diese Weise haben Sie schon eine hübsch gestaltete Ecke direkt beim Haus.

Die Pergola

Wer einen kleinen Laubentyp von seinem Vorgänger übernommen hat, kann nachträglich eine Vordachverlängerung vornehmen, um eine geschützte Freifläche zu gewinnen. Auch eine Pergola am Haus, die mit Kletterrosen, Clematis, Pfeifenwinde oder Geißblatt berankt wird, läßt selbst die nüchternste Laube romantisch erscheinen. Für bauliche Maßnahmen ist allerdings vorher die Genehmigung des Stadtbauamtes oder des Verbandes einzuholen.

Pergolen und Rankgerüste sind gefälliger, wenn sie nicht frei stehen, sondern an das Haus angebunden sind. Man verwendet dazu am besten kesseldruckimprägniertes Holz. Das hat den Vorteil, daß nicht jedes Jahr neu imprägniert werden muß. Außerdem müßten die Pflanzen bei jedem neuen Anstrich auf den Boden gelegt werden, um Verbrennungen durch Verdampfung zu vermeiden. Von der Laube aus kann das Gerüst aus Rund- oder Vierkanthölzern über den Sitzplatz, einen Weg oder auch über eine Pflanzung geführt werden.

Der Pfosten-Durchmesser sollte 10–12 cm betragen, um eine gewisse Stabilität zu erzielen. Aus statischen Gründen darf der Abstand der Pfosten zueinander nicht mehr als 3 m betragen.

Die Stützen selbst sind sorgfältig im Boden zu verankern, weil sie später, wenn die Ranken darauf lasten, einiges an Gewicht zu tragen haben.

Die Pergola, mit einem Geißblatt *(Lonicera)* berankt, bietet ausreichenden Sichtschutz.

Man muß also dafür ein Fundament setzen, in das zwei gelochte Eisen eingelassen werden. Die Holzpfosten befestigt man dann mit nichtrostenden Schrauben an diesen Eisen und zwar so, daß unter dem Holz noch ein kleiner Luftraum von etwa 1 cm frei bleibt. So kann ein baldiges Faulen des Holzes verhindert werden.
Die Pfetten (Lagerhölzer) können etwas schwächer sein. Man kann dazu hochgestellte Kanthölzer von 6 cm Breite und 10–12 cm Höhe verwenden.
Für die Querhölzer genügt eine Stärke von 6–10 cm.

Ein stilles Eckchen

Auch ein etwas abgeschlossener Bereich sollte in einem Garten nicht fehlen. Jeder Mensch hat gelegentlich das Bedürfnis nach Ruhe und Alleinsein. Und wer mag es schon, wenn er bei einer gemütlichen Kaffeerunde für alle Passanten auf dem Präsentierteller sitzt?
Um so einen Bereich zu schaffen, könnte auf der einen Seite der Laube eine etwas festere Glasscheibe eingesetzt werden. Auf der anderen Seite der Terrasse kann am Stützpfosten des Daches oder aber auch an der Hausecke eine Vorrichtung angebracht werden, in die man je nach Bedarf eine vorgefertigte Holzwand einfach einhängt. Diese schützt zugleich vor dem Wind, was besonders bei neueren Anlagen nötig ist, bis der Garten eingewachsen ist. Man kann die Holzwand auch teilen und mit einem Scharnier versehen, so daß sie nach Belieben zu postieren ist.
Da die Gartenanlagen zum Großteil der Öffentlichkeit zugänglich sind, ist solch ein Sicht- und Windschutz durchaus angebracht. Anlieger der Hauptwege wissen davon ein Lied zu singen.

Einbruchsicherung

Leider gibt es immer wieder Zeitgenossen, die in Gartenhäuser einbrechen, um sich dort zu holen, was ihnen gefällt oder was auf dem Flohmarkt absetzbar wäre. Meist ist der Schaden, der am Haus angerichtet wird, größer als der Wert der mitgenommenen Sachen. Alarmanlagen haben bis jetzt wenig Wirkung gezeigt, weil von den Kleingärtnern nachts kaum einer anwesend ist und Privatanlieger meist kein Interesse daran haben, sich zu engagieren. Deshalb ist es empfehlenswert, eine Diebstahlsicherung anzubringen.
Es gibt einige Varianten, vom schmiedeeisernen Gitter vor dem Fenster bis zur Dreifach-Verriegelung. Hier wird manchmal ein wenig übertrieben. Schon starke Flacheisen dürften genügen, die vor Fensterladen bzw. Türe geschoben werden und von innen zu verriegeln

sind. Das einzige Schloß wäre dann nur am rückwärtigen Teil der Laube anzubringen. Verriegelungen, die zu viel Mühe machen, sie zu knacken, haben eher eine Chance, in Ruhe gelassen zu werden.

Holzschutz

Mehr noch als ein gemauertes Haus braucht eine Laube aus Holz Pflege, um der Verwitterung standzuhalten. Da das Holz ohnehin nachdunkelt, sollte es etwa alle 2 Jahre mit einem farblosen oder hellen Holzschutzmittel eingelassen werden.
In letzter Zeit wird allerdings viel über die Schädlichkeit von Holzschutzmitteln gesprochen und geschrieben. Auch wenn es nur ein Außenanstrich ist, wirken giftige Dämpfe nicht nur auf die Kletterpflanzen am Haus. Aus diesem Grunde ist es lohnend, sich an einen vertrauenswürdigen Fachmann zu wenden, um sich ein wirkungsvolles, aber unschädliches Holzschutzmittel empfehlen zu lassen. Das gleiche gilt natürlich für den Anstrich von Kompostbehältern und der Lattenroste zwischen den Gemüsebeeten. Einer unserer Nachbarn hat vor einigen Jahren beides im Herbst mit Karbolineum gestrichen. Zunächst passierte gar nichts, weil die Temperaturen zu niedrig waren. Aber im darauffolgenden Sommer hat das Holz derartige Dämpfe abgegeben, daß bei-

Oben: Anstrich mit einem Luftlack;
unten: beständiges Holzschutzmittel.

derseits der Lattenroste Erdbeerpflanzen und Gemüse starke Verbrennungsschäden erlitten. Sogar die über den Kompost hängenden Zweige eines Cotoneaster wiesen noch Blattschäden auf. Vorsicht also mit derartigen Mitteln!
Ganz abzuraten wäre von einem Anstrich mit Luft- oder Bootslack. Durch die Witterungseinflüsse blättert der Lack bald ab, und das Häuschen sieht dann »pockennarbig« aus. Die ganze Laube muß dann erst abgeschliffen werden, ehe man sie wieder mit einem Holzschutzmittel einlassen kann.

Planung und Gestaltung

Als frischgebackener Gartenbesitzer kann man es kaum erwarten, endlich seinem Tatendrang freien Lauf lassen zu können. Hat man einen bereits bestehenden Garten erworben, werden meistens nur Veränderungen darin vorgenommen, die den eigenen Vorstellungen mehr entgegenkommen. Den gesamten Garten neu anzulegen wäre schon wegen der darin stehenden Gehölze fast unmöglich.
Bei Gartenneuanlagen dagegen ist jeder sein eigener Gestalter. Schließlich hat jeder Ideen, die er gerne verwirklichen möchte, um sich ein kleines Gartenparadies zu schaffen. Man fängt an zu planen, ändert wieder alles, plant neu und träumt schon von einem Garten, in dem es üppig grünt und blüht. Aber bis dahin wird noch manche Schweißperle rollen. Am besten, Sie sehen sich schon mal in einer bereits bestehenden Kleingartenanlage um, dort bekommen Sie einiges an Anregungen mit. Die Hobbygärtner sind im allgemeinen recht aufgeschlossen und zeigen Ihnen bestimmt den Garten oder gar die Laube von innen. Selbst von schlechten Beispielen kann dabei gelernt werden. Man weiß dann nämlich, wie es ganz bestimmt nicht gemacht werden soll. Es hat mich immer wieder in Erstaunen versetzt, wie ideenreich Kleingärtner ans Werk gehen und wie schließlich so ein Garten Spiegelbild seines Besitzers wird.

Begrenzungsmöglichkeiten

Als erstes wird wahrscheinlich die Grenze zum Nachbarn inspiziert und festgestellt, daß hier ein Zaun erstellt werden soll oder eine Hecke gepflanzt werden muß. Ganz abgesehen davon, daß bei Neuanlagen vielfach Zwischenzäune und Zwischenhecken nicht mehr gestattet sind, um auf diese Weise eine größere räumliche Wirkung zu erzielen, kann man in der Regel davon ausgehen, daß Nachbarn grundsätzlich die Grenze respektieren, auch ohne Zaun. Es genügen in diesem Fall Trittplatten aus Beton zwischen den Gärten, damit die Beete von beiden Seiten gepflegt werden können.
Eine Variante wären schöne Prachtstaudenbeete beiderseits der Grenze, die man gut aufeinander abstimmen kann. Stauden sind mehrjährige Pflanzen, die mit ihren Wurzeln, Knollen und Rhizomen in der Erde überwintern oder als wintergrüne Polster oberirdisch den Winter überdauern. Andere wieder haben sich darauf geeinigt, durchgehenden Rasen anzusäen, so daß die Wirkung eines Doppelgartens entsteht. In diesem Fall sollten am Sitzplatz schon ein paar kleinere Ziergehölze angepflanzt werden, um den Intimbereich zu erhalten. Zur Auflockerung, vor allem bei Nadelgehölzen, nimmt man Gräser, passende Stauden oder Rosen dazu.

Eine hübsche Bepflanzung mit Stauden und Sommerblumen als Abgrenzung zum Nachbarn.

An der Grenze kann auch eine Obstspalier-Hecke gesetzt werden, selbstverständlich mit entsprechendem Abstand vom Nachbargrundstück und in vernünftiger Höhe. Gerade hierbei kann unnötiger Ärger mit den Nachbarn vermieden werden, wenn Rücksicht genommen wird nach der Devise: Seid nett zueinander. Setzen Sie aber freiwachsende Spindelbüsche (Apfel, Birne) an die Grenze, denken Sie daran, daß der Abstand zur Grenze mindestens die Hälfte des späteren Kronendurchmessers beträgt.
Wer an der Nachbargrenze keine Obstbäume haben will, könnte auch an der Vorderseite des Gartens oder entlang des Gemüseteils eine Obsthecke unterbringen. Die Hecke wird mit der Zeit so dicht, daß der Garten vom Weg aus nicht mehr überschaubar ist.
Besser als Ziergehölze eignen sich vor allem im Kleingarten Johannisbeersträucher, um die Grenze zum Nachbarn hin zu markieren. Sie werden meist nur 1,50 m hoch und bringen zudem eine regelmäßige, reiche Ernte, die sich vielseitig verwerten läßt. Auch als Abgrenzung des Gemüseteils zum Ziergarten hin kön-

Maiblumenstrauch

Fingerstrauch

nen gut Beerensträucher zusammen mit Stachelbeerhochstämmchen gesetzt werden.

Ziergehölze

Gerade in kleinen Gärten kommt es darauf an, daß man sich über den Standort im klaren ist und Bäume und Sträucher auswählt, die mit ihrem Wuchscharakter auch dorthin passen. Bei Ziergehölzen wird oft der Fehler gemacht, daß sie zu dicht gepflanzt werden, um möglichst bald eine geschlossene Hecke als Sicht- und Windschutz zu haben. Ein altes Sprichwort sagt: »Gut Ding will Weile haben.« Das gilt besonders für den Garten.
Entlang des Stichweges werden bevorzugt Ziersträucher gepflanzt, um den Garten nach außen abzuschirmen. Dabei muß die spätere Breite dieser Gehölze berücksichtigt werden. Lücken, die in den ersten Jahren da sind, lassen sich mit Blumenzwiebeln oder Sommerblumen ausfüllen.
Sind die Sträucher erst richtig eingewachsen, entwickeln sie ihre natürliche Wuchsform. Sie werden dann entsprechend hoch und breit, und die Hecke schließt sich auch im unteren Bereich. Zu dicht stehende Ziersträucher schieben sich gegenseitig hoch, um Licht zu bekommen, und verkahlen dabei von unten, was ein unschöner Anblick ist. Hängen Sträucher in den Weg hinein oder werden sie zu hoch, kann ohne weiteres im Herbst ein Rückschnitt er-

folgen, der die Gehölze verjüngt, ohne daß der Wuchscharakter verändert wird. Das gleiche gilt für Sträucher, die in der Nähe der Nachbarsgrenze stehen oder die aus gestalterischen Gründen in eine niedrig bleibende Pflanzung mit hereingenommen wurden. Die am meisten verwendeten Sträucher sind mit ihren zu erwartenden Ausmaßen unten in der Tabelle aufgeführt.
Beim Kauf in der Baumschule oder im Gartencenter läßt man sich oft aus Unkenntnis dazu verleiten, kleine »niedliche« Pflanzen zu erstehen, die sich aber nach einigen Jahren als raschwüchsige, mächtige Exemplare entpuppen und die einem buchstäblich über den Kopf wachsen. Sie werden oft zu richtigen Ungetümen, die kaum mehr zu bändigen sind, wie z. B. der Essigbaum. Er durchwuchert in kurzer Zeit den halben Garten und ist nicht mehr in den Griff zu bekommen. Auch Blutpflaumen, Goldregen, Birken, Walnußbäume etc. sind Großgehölze, die für Kleingärten nicht geeignet sind. Riesige Fichten und Tannen wirken wie Fremdkörper in den kleinen Parzellen, sie gehören eher in einen Wald.
In den Tabellen der Seiten 26 und 27 sind Nadel- bzw. Laubgehölze aufgeführt, die für den Kleingarten in Frage kommen. Da in manchen Gegenden die klimatischen Verhältnisse sehr rauh sind, werden vor

Größere Gehölze als Sichtschutz

Deutscher Name	Botanischer Name	Höhe	Breite
Hartriegel	*Cornus sanguinea*	3–4 m	2–3 m
Maiblumenstrauch	*Deutzia × magnifica*	3–4 m	2–3 m
Flügelspindelstrauch	*Euonymus alatus*	2–3 m	2–3 m
Goldglöckchen	*Forsythia × intermedia*	2–3 m	2–3 m
Kolkwitzie	*Kolkwitzia amabilis*	2,5–3 m	bis 3 m
Pfeifenstrauch	*Philadelphus* spec.	2–5 m	bis 3 m
Zierjohannisbeere	*Ribes sanguineum*	2–3 m	breitbuschig
Spierstrauch	*Spiraea × vanhouttei*	2 m	breit überhängend
Flieder	*Syringa* spec.	3–4 m	2–3 m
Schneeball	*Viburnum* spec.	2–4 m	2–3 m
Weigelia	*Weigela*	2–3 m	2–3 m

Planung und Gestaltung

Nadelgehölze

Deutscher Name	Botanischer Name	Höhe im Alter	Bemerkungen
Blaue Zwerg-zypresse	*Chamaecyparis lawsoniana* 'Minima Glauca'	0,80 m breit, kegel-förmig	versagt in reinen Sand- oder Ton-böden
Japanische Muschel-zypresse	*Chamaecyparis obtusa* 'Nana Gracilis'	1–2 m breit, kegel-förmig	nicht in pralle Sonne (hitzeempfindlich)
Silberzypresse	*Chamaecyparis pisifera* 'Boule-vard'	3–4 m breit, kegel-förmig	leidet unter Hitze und Trockenheit
Irischer Säulen-wacholder	*Juniperus com-munis* 'Hibernica'	3–4 m Säule	mäßig trocken
Zwergwacholder	*Juniperus squa-mata* 'Blue Star'	0,70–0,90 m 1,50 m breit	sandig humose Böden
Zwergfichte	*Picea abies* 'Little Gem'	0,30 m 1 m breit	feucht frische Böden
Gnomen-Fichte	*Picea abies* 'Pygmaea'	1 m hoch und breit	feucht frische Böden
Zwergkiefer	*Pinus mugo* 'Gnom'	1,50–2 m dicht kugelig	mineralische Böden, feucht bis mäßig trocken
Zwergkiefer	*Pinus mugo* 'Mops'	0,80 m 1,20 m breit	lichthungrig
Krummholz-Kiefer, Latsche	*Pinus mugo* var. *mughus*	2 m breitbuschig	feucht bis mäßig trocken
Blaue Mädchen-kiefer	*Pinus parviflora* 'Glauca'	3–4 m kleiner Baum	sandig humose Lehmböden, keine Hitze oder Trocken-heit
Blaue Kiefer	*Pinus pumila* 'Glauca'	1–1,50 m niederliegend	anspruchslos
Zwergkiefer	*Pinus silvestris* 'Wateri'	2–2,50 m breit, kegel-förmig	mäßig trockene, sandig kiesige Lehmböden, Torfböden

Laubgehölze

Deutscher Name	Botanischer Name	Höhe	Bemerkungen
Berberitze	*Berberis thunbergii* 'Atropurpurea'	1,50 m	kompakter Wuchs
Bartblume	*Caryopteris × clandonensis*	1 m	sonniger, warmer Standort
Scheinquitte	*Chaenomeles japonica*	1,50–2 m	sonniger Standort
Hartriegel	*Cornus alba* 'Albamarginata Elegans'	buntlaubig	kann durch Schnitt klein gehalten werden
Felsenmispel	*Cotoneaster dielsianus*	2 m	Frucht rot, bogig überhängend
Elfenbeinginster	*Cytisus × praecox*	2 m	leichte, sandige Böden, sonnig
Maiblumenstrauch	*Deutzia gracilis*	1 m	anspruchslos
Maiblumenstrauch	*Deutzia rosea*	1–1,50 m	reichblühend
Goldglöckchen	*Forsythia intermedia* 'Spectabilis'	2,50 m	auf jedem normalen Boden
Eibisch	*Hibiscus syriacus*	2 m	sonniger Standort
Hortensie	*Hydrangea serrata* 'Rosalba'	1,50 m	stark saurer Boden
Lorbeerrose	*Kalmia latifolia*	1 m	humusreich, feucht, Torf
Mahonie	*Mahonia aquifolium* 'Apollo'	1–1,50 m	anspruchslos
Fingerstrauch	*Potentilla fruticosa* 'Goldfinger'	1 m	anspruchslos
Lorbeerkirsche	*Prunus laurocerasus* 'Zabeliana'	1,50 m	immergrün, breitwachsend
Spierstrauch	*Spiraea bumalda* 'Anthony Waterer'	1 m	jährlicher Rückschnitt sinnvoll
Kissen-Schneeball	*Viburnum davidii*	1 m	humose, saure Böden Halbschatten

allem Gehölze genannt, die auch unter solchen Bedingungen noch wachsen.
Um vor späteren Überraschungen sicher zu sein, sollte man außerdem beim Kauf von Kleingehölzen – vor allem bei Nadelgehölzen – daran denken, daß manche Arten zwar nicht so hoch werden, dafür aber um so mehr in die Breite gehen. Durchmesser von 2–3 m sind dabei nicht selten. Solch ein Exemplar könnte eventuell als einzelstehendes Gehölz Verwendung finden.
Größer werdende Obstbäume wie Buschbäume, Halb- oder Hochstämme eignen sich hauptsächlich für Einzelstellung, sei es, daß wir am Garteneingang einen Schwerpunkt setzen wollen, oder um die gestalterische Wirkung einer Pflanzung zu unterstreichen. Um der Terrasse einen »Hausbaum« zu geben, könnte man dort beispielsweise einen Sauerkirschenbusch pflanzen, der an dieser Stelle häufig sehr gut wirkt. Auch der Kompostplatz braucht eine leichte Beschattung, für die ein Zwetschenbaum gerade richtig wäre.
Vom Sitzplatz aus, wo wir uns am meisten aufhalten, wollen wir die schönsten Ausblicke auf unseren Garten genießen. Das kann ein Teich an der Terrasse sein oder ein Steingarten. Auch ein blühender Obstbaum im Frühling bringt erbauliche Höhepunkte. Der Ziergarten sollte so gestaltet sein, daß er in einem weiten Bogen den Laubenbereich umgibt, als wäre es ein Wohnbereich im Grünen. Eine Kletterrose oder Clematis an der Laube, eine berankte Pergola und ein Solitärgehölz in Sitzplatznähe verstärken den Eindruck von Geborgenheit zusätzlich.
Als Abgrenzung zum Gemüsegarten kann eine niedrige Palisade aus Rundhölzern oder Eisenbahnschwellen dienen, vor die dann Stauden gepflanzt werden. Wem das nicht gefällt, der kann durch Auswahl einiger höherer Stauden eine Abgrenzung schaffen.

Erste Arbeiten im neuen Garten

Ehe nun mit den eigentlichen Gartenarbeiten begonnen wird, müssen die Wege zur Terrasse und um die Laube herum sowie der Sitzplatz selbst mit Pflöcken und einer Schnur abgesteckt werden. Dabei sollte beachtet werden, daß die Wegeführung nicht durch die Gartenmitte erfolgt. Das würde den Garten in zwei Teile zerschneiden, was nicht nur von der Gestaltung her sehr unschön wirkt, auch das Gesamtkonzept würde darunter leiden. Am günstigsten ist ein seitlicher Weg, der an der Wasserstelle vorbeiführt. Schön sieht es aus, wenn der Weg etwas versetzt oder in einem leichten Bogen zur Laube führt; schnurgerade Linien wirken nicht natürlich.

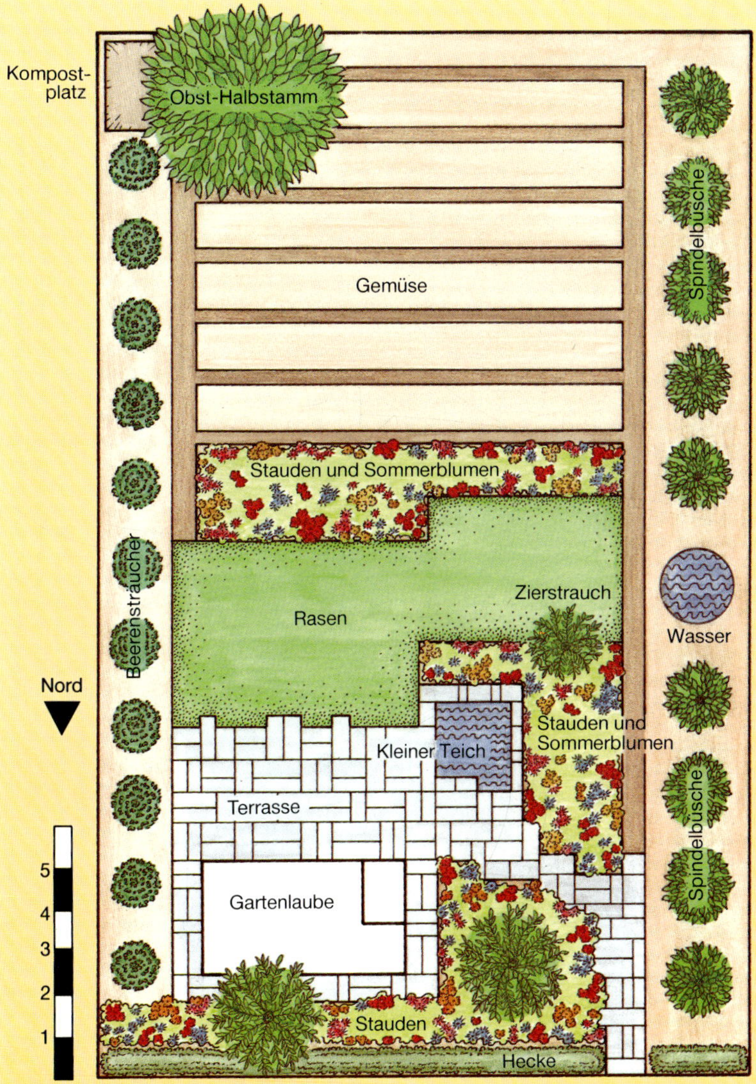

Der kurze Eingangsweg zur Laube führt um eine Stauden- und Gehölzpflanzung, die zugleich den Sitzplatz nach außen abschirmt. Der übrige Zierpflanzenbereich einschließlich Gartenteich wurde in Terrassennähe untergebracht. Beerensträucher und Spindelbüsche, die durch Schnitt klein gehalten werden, markieren die Grenze zu den Nachbarn. In der Südostecke des Gemüsegartens steht als markanter Punkt ein Obst-Halbstamm, der zugleich den Kompostplatz leicht beschattet.

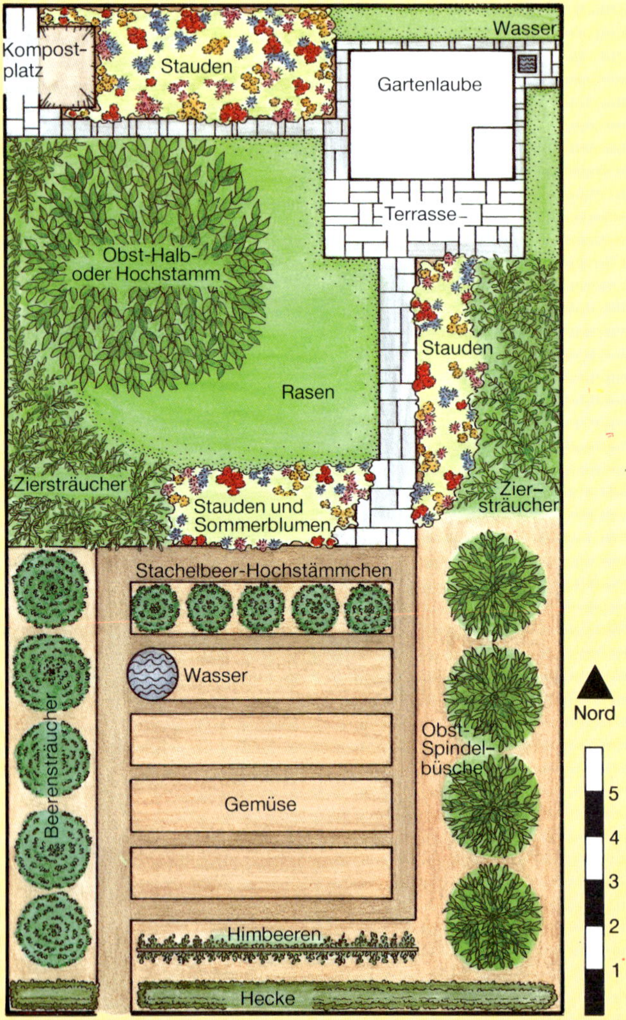

Entlang des Kiesweges stehen Beerensträucher. Stachelbeer-Hochstämmchen bilden den Abschluß des Gemüseteils zum übrigen Garten. 4 Spindelbüsche schirmen den Gemüseteil nach Osten ab. Himbeeren wurden entlang der Hecke am Zaun untergebracht, wo ihre Ausläufer nicht stören. Der gesamte Zierpflanzenbereich einschließlich der Kleingehölze umschließt Laube und Sitzplatz in weitem Bogen. Als Hausbaum und Schattenspender steht in der Nordwestecke des Gartens ein ausladender Apfel-Halbstamm.

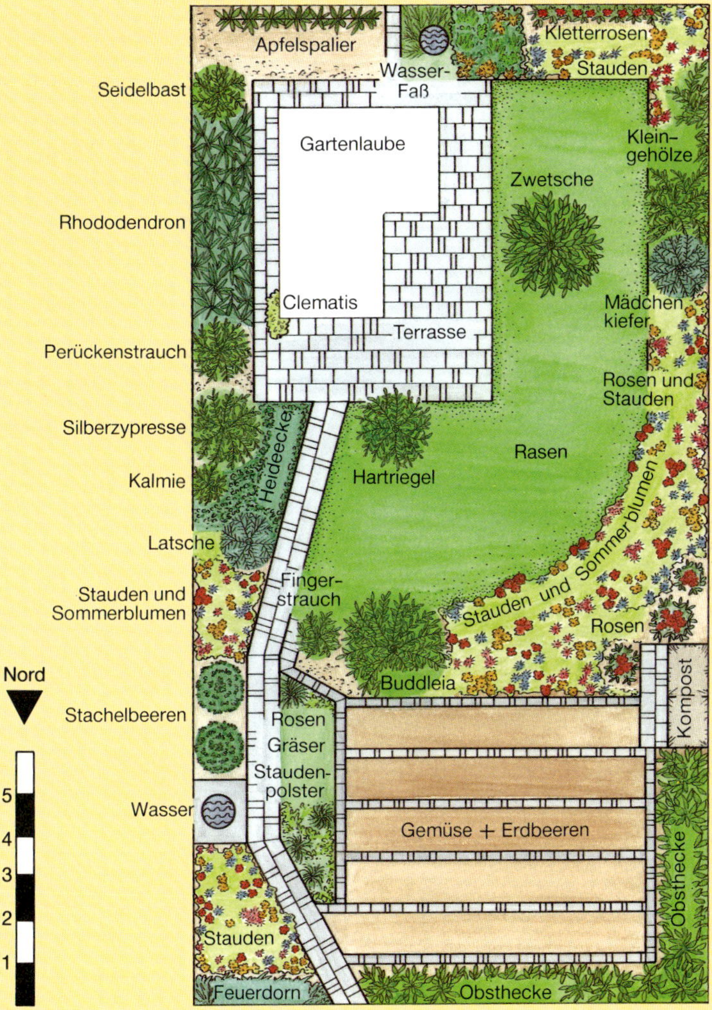

Entlang des Weges sind zur Auflockerung und optischen Verkürzung des Weges Stauden, Gräser und Rosen gepflanzt. Am Sitzplatz bei der Laube wurde weitgehend auf Gehölze verzichtet, um den Blick auf Stauden- und Sommerblumenbeete freizuhalten, die den Laubenbereich in einem weiten Bogen umspannen. Ein Teil dieser Pflanzung dient zugleich als Abgrenzung zum Gemüsegarten. Eine geschlossene Obsthecke entlang des Stichweges und am Gemüseteil bietet ausreichenden Sichtschutz von außen.

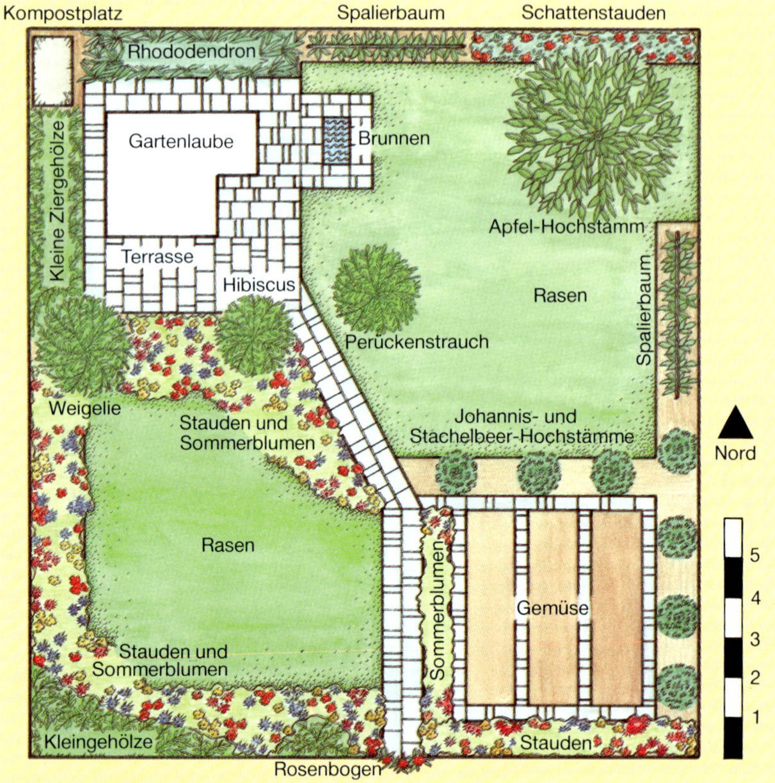

Den Eingang zum Garten umgibt ein Rosenbogen. Der Rasen links des Weges ist eingesäumt von einem prächtigen Stauden- und Sonnenblumenbeet, das bis vor die Terrasse reicht und der Gesamtgestaltung des Gartens eine auflockernde, freundliche Note verleiht. Der Sitzplatz an der Laube ist umgeben von verschiedenen Gehölzen, um einen guten Sicht- und Windschutz direkt beim Haus zu haben. Als Schwerpunkt steht in der Nordostecke ein Apfel-Halbstamm. Der Gemüseteil ist mit Beerenhochstämmchen umgeben. Die quadratische Form der Parzelle ermöglichte eine sehr gefällige Gestaltung.

Die Breite des Weges soll 80–90 cm betragen. Ein derart schmaler Weg wirkt elegant, während eine breitere Fläche den Garten kleiner erscheinen läßt und den Weg zu sehr in den Vordergrund rückt.
Das gesamte abgesteckte Terrain wird dann ca. 20 cm tief ausgehoben. Die dabei anfallende Erde (Mutterboden) wird auf die übrige Gartenfläche verteilt.
Vor Beginn der Pflanzarbeiten ist erst eine gründliche Bodenvorbereitung vonnöten. Kleingarten-Neuanlagen werden meist auf Brachland errichtet, auf dem sich eine Menge Wildkräuter befinden, die man nicht unbedingt haben möchte.

Geschützter Sitzplatz, umgeben von blühenden Gehölzen, Stauden und Sommerblumen.

Bodenvorbereitung

Der ganze Garten muß also erst einmal gelockert werden. Das heißt, wir graben die gesamte Fläche einen Spatenstich tief um (ca. 25 cm) und zerkleinern die Schollen. Dabei werden alle Dauerunkräuter sorgfältig mit allen Wurzelstückchen aus der Erde geholt. Das ist zwar momentan eine sehr mühselige Arbeit, später aber, wenn der Garten steht, sind Sie froh, so gründlich vorgegangen zu sein. Dann nämlich wäre es fast unmöglich, Quecken, Giersch, Schachtelhalm, Ehrenpreis und Ackerwinde aus Ihren Pflanzungen zu holen, ohne daß dabei die endlich eingewachsenen Kulturpflanzen ganz empfindlich gestört würden.

Bei dieser Gelegenheit holt man Steine, die größer sind als ein Zwei-Mark-Stück, aus dem Boden und bringt sie in die ausgehobene Wegfläche. Kleinere Steine sollen in der Erde bleiben, damit der Boden sich nicht verdichtet und luftdurchlässig bleibt. Auf keinen Fall aber darf die Erde gesiebt werden, der Boden würde sonst verschlämmen.
Überall dort, wo Obstbäume, Beerensträucher, Rosen, Prachtstauden und Ziergehölze hinkommen sollen, muß der Boden zwei Spatenstiche tief umgegraben werden. Die obere Bodenschicht (also der Mutterboden) muß dabei unbedingt wieder obenauf zu liegen kommen. Sie machen das am besten so: Erst wird ein Teil des Mutterbodens ab-

gehoben und auf die Seite gelegt. dann wird die darunterliegende Erde umgegraben. Auf diese gelokkerte Schicht kommt der Mutterboden des nächsten Teilstückes usw. Ist nun alles umgegraben, geht man daran, die Erde zu verbessern. Auf die gesamte Gartenfläche werden sog. Bodenlüfter verteilt, die mit der Grabgabel nochmals locker eingearbeitet werden.

Bei dieser Gelegenheit kommt bestimmt noch manch übersehene Quecken- oder Gierschwurzel zutage.

Als Bodenverbesserer können verschiedene Materialien verwendet werden, wie Torf, Styromull oder auch Rindenkultursubstrat. Styromull eignet sich ganz besonders bei zähen und luftundurchlässigen Böden, weil es sehr viel Luft enthält und sich nicht zersetzt. Es hat also Dauerwirkung. Eine andere Art von Schaumstoff-Flocken ist Hygromull. Dieses Material lockert ebenfalls den Boden und ist zugleich in der Lage, Wasser zu speichern und Nährstoffe festzuhalten, so daß sie nicht so schnell ausgewaschen werden. Man arbeitet Hygromull in die oberste Bodenschicht ein. Diese Flocken zersetzen sich allerdings im Laufe der Jahre ebenso wie Torf. Sie sind vor allem für leichtere Böden geeignet. Seit einiger Zeit ist noch eine dritte Art am Markt: Hygropor ist eine Mischung aus Hygromull und Styropor und wirkt ebenfalls lüftend und wasserhaltend.

Erste Bodenbearbeitung.

Wegebau

Der ausgehobene Teil für Weg und Terrasse wird jetzt mit Kies oder Schotter aufgefüllt, soweit dies nicht schon mit Steinen aus der Bodenbearbeitung (s. S. 33) erfolgt ist. Das Ganze wird zuerst festgestampft. Darauf kommen etwa 4–5 cm Sand, in den die Wegeplatten eingebettet werden.

An Werkzeug wird dazu eine Maurerkelle benötigt, mit der man die Platten unterfüllt, wenn sie nicht eben liegen. Ferner eine Setzlatte, ein Schlegel und eine Wasserwaage. Beim Verlegen ist darauf zu achten, daß die Platten vom Haus

ausgehend mit einem leichten Gefälle von etwa 1–2 cm je Meter eingebracht werden, damit Regen- und Schneewasser von der Terrasse ablaufen.
Sind schließlich alle Platten verlegt, wird so lange Sand in die Fugen gekehrt und mit Wasser eingeschlämmt, bis alle Fugen ausgefüllt sind und die Platten fest liegen. Bei dieser Gelegenheit möchte ich darauf hinweisen, daß die Kosten für Pflasterarbeiten bei einer späteren Bewertung des Gartens nicht angerechnet werden. Daher empfiehlt sich, solche Arbeiten selbst durchzuführen.
Sollten Sie sich für ein Rundholzpflaster entschieden haben, muß berücksichtigt werden, daß die Mindestlänge der Holzstücke 20 cm betragen soll, um eine Trittfestigkeit zu erreichen. Entsprechend tief ist das Holzpflaster dann zu verlegen. Dabei werden imprägnierte Holzstücke mit verschiedenem Durchmesser verwendet. Solch ein Weg oder eine Terrasse wirkt sehr naturnah und ungemein reizvoll. Man läuft jedenfalls nicht Gefahr, seinen Garten einzubetonieren.
Eine weitere Möglichkeit ist die Verlegung von Betonsteinen in der Größe und Form von Ziegelsteinen. Solch ein Weg fügt sich ganz ausgezeichnet in jede Pflanzung ein, da er aufgrund der geringen Steingröße nicht so sehr ins Auge fällt. Auch Verbundsteine aus Beton in der Größe 20 × 16 × 6 cm sehen ganz gut aus und sind, auch wegen ihres geringen Gewichts, nicht schwer zu verlegen.

Ein natürlicher Weg wirkt immer.

Unterbau für einen Plattenweg.

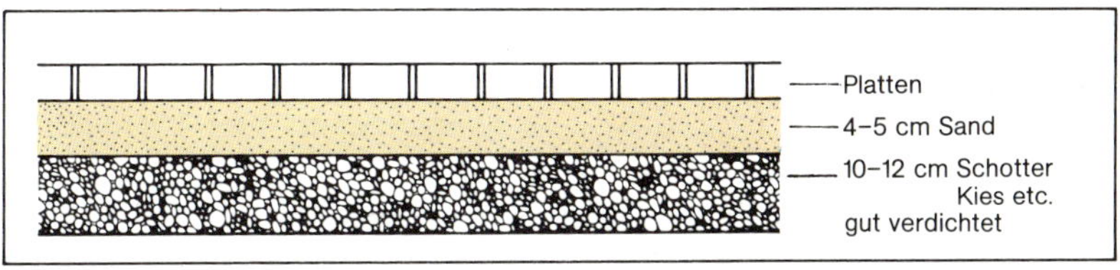

Klinkersteine wären an und für sich ein schönes Material für den Garten, haben aber den Nachteil, daß sie gerne etwas vermoosen und dann bei feuchter Witterung rutschig werden. Sie eignen sich aber gut zum Verlegen vor dem Kompostplatz, auf kleinen Übergangswegen und vor allem als Abtrennung zwischen Rasen und Beeten. Man ist damit das leidige Abstechen von Rasenkanten los und hat zugleich eine feste Mähkante.
Für kleine Flächen empfiehlt es sich, kleinstrukturiertes Material zu verlegen, wie z. B. Verbundsteine, Kleinpflaster, Klinker oder Sechsecke.
Grell eingefärbte Steine verwendet man am besten nicht, damit keine unpassenden Gegensätze zu blühenden Stauden und Gehölzen entstehen. Am besten harmonieren ruhige, dezente Farben wie Grau, gedeckte Brauntöne, Ocker und Umbra, die gegenüber den Zierpflanzen nicht in den Vordergrund treten.
Wer keine Platten haben möchte, kann sich einen Kiesweg anlegen. Solch ein Weg ist billig und wirkt sehr natürlich. Allerdings braucht ein Kiesweg eine seitliche Begrenzung, damit Kies und Beeterde voneinander getrennt bleiben. Entweder man bringt daher Betoneinfassungen ein, die aber nicht zu hoch aus dem Erdreich herausragen dürfen, oder aber es werden Polsterstauden entlang des Weges gepflanzt, die sich sehr bald zu einer geschlossenen Reihe eingewachsen haben. Es schadet dabei gar nicht, wenn das eine oder andere Polster etwas in den Weg hereinwächst, um so gefälliger wirkt er. Einen kleinen Nachteil hat auch dieser Weg: er verunkrautet ein wenig und braucht daher Pflege, wenn er immer schön aussehen soll.
Eine weitere Variante ist ein Rasenweg. Man kann z. B. in Schrittweite größere Platten legen; schön wären Natursteine in diesem Fall. Allerdings muß darauf geachtet werden, daß die Steine nicht höher liegen als der Rasen, damit man mit dem Mäher keine Schwierigkeiten hat.
Wer das Glück hat, in einer Gegend zu wohnen, in der Steinbrüche sozusagen vor der Haustüre liegen, wird wahrscheinlich Natursteine verwenden, weil er diese an Ort und Stelle billiger bekommt. Mit so einem Material zu arbeiten macht Spaß, und man kann dabei seiner Phantasie freien Lauf lassen. Nur auf eines sollte man dabei achten: daß keine kleinen Abfallsteine mitverwendet werden. Das würde das Gesamtbild stören, und außerdem sind sie im Sandbett nicht so trittfest einzufügen.
Einen Kleingarten zu übernehmen bedeutet für den Gartenfreund im Moment eine finanzielle Belastung. Aus diesem Grunde werden viele Hobbygärtner auf die billigeren Betonplatten zurückgreifen. Aber auch da gibt es genügend Variationsmöglichkeiten. Was ich nicht schlecht

finde, sind die Waschbetonplatten, die sich eigentlich überall gut einfügen lassen. Variationen davon mit feiner oder grober Korngröße und verschiedenen Zusammensetzungen können Sie bei Baustoffhändlern und in Betonwerken erhalten. Diese Platten sind sowohl mit Holz als auch mit anderen Gesteinsarten gut zu kombinieren, und sie harmonieren ausgezeichnet mit Staudenpflanzungen, Rosenbeeten und dergleichen. Es gibt sie in den Formaten 40 × 40, 40 × 60 und 40 × 80 cm. Sie sind also sowohl quadratisch zu verlegen als auch im »Römischen Verband«, das heißt, daß alle Formate ineinander verlegt werden. Verschiedene Kombinationen lassen Betonplatten zusammen mit Kleinsteinpflaster zu, wobei die kleinen Granitwürfel eine Auflockerung der etwas monotonen und nicht gerade schönen Betonplatten bedeuten.

Beet- und Wegeinfassung

Bei Plattenwegen sind solche Abgrenzungen überhaupt nicht nötig. An der Rasenkante soll ohnehin darauf geachtet werden, daß die Platten nicht zu hoch stehen, damit dort ohne weiteres gemäht werden kann. Entlang von Obstgehölzen oder Beeten würden Polsterstauden und niedrige Sommerblumen ein Abschwemmen der Erde verhindern.

Gelungene Einfassung eines Betonplattenweges.

Es gibt aber viele Gartenfreunde, die auf einen »sauberen« Garten nicht verzichten wollen, und deshalb lassen sie an die Plattenwege kleine Betonwände anschließen. Eigentlich schade um die Arbeit und das dafür ausgegebene Geld. Auf keinen Fall aber sollten solche Platten mehr als etwa 5 cm aus dem Boden ragen. Zum einen sieht es nicht so schön aus, und zum anderen werden hohe Wände gerne vom Erdreich nach vorne gedrückt.
Das im Handel erhältliche grüne Wellplastik oder auch Welleternit für Beet- und Wegebegrenzung sind nicht gerade eine Zierde. Da muß ich immer wieder an einen Gartenfreund denken, der seine überschüssigen Eternitplatten beseitigen wollte: Er hat sie entlang des Weges so in der Erde vergraben, daß immer eine Ecke etwa 20 cm hoch herausragte. Das Ganze sieht aus wie ein Haifischgebiß, das für den Garten nicht unbedingt eine Zierde darstellt.

Ziergarten

Anlage eines Rasens

Ehe der Rasen angelegt wird, sollte man sich die spätere Nutzung überlegen. Darf der geheiligte Rasen kaum betreten werden, oder können sich die Kinder nach Herzenslust darauf tummeln und Spiele machen?
Manche Hobbygärtner schwärmen für eine Blumenwiese. Auch hier ist jeder sein eigener Gärtner. Bei näherer Überlegung wird sich aber doch zeigen, daß ein Gebrauchs- und Strapazier-Rasen im Kleingarten die weitaus größeren Möglichkeiten bietet. Eine Blumenwiese braucht Weite, soll sie schön sein. Bei einer Gartengröße von durchschnittlich 300 m^2 aber kann man höchstens 100 m^2 für die Wiese abzweigen.
Wiesenblumen brauchen Zeit, um sich zu entwickeln, ebenso die darin enthaltenen höheren Gräser. Also darf so eine Fläche nur ein- bis zweimal im Jahr gemäht werden. Fein, wird man sagen, das erspart Arbeit. Aber zu bedenken ist auch, daß die Wiese möglichst nicht betreten werden soll, weil sonst die ganze Schönheit weg ist. Ein zweites Argument gegen eine Blumenwiese ist, daß Prachtstaudenbeete um so eine Wiese herum nicht mehr wirken, da beides nicht zusammenpaßt. Außerdem entläßt die Naturwiese so viele Samen von Gräsern und Wiesenpflanzen in die umliegenden Blumen- und Gemüsebeete, daß die ganze Familie ihre Vollbeschäftigung erhält, um wieder alles vom Unkraut zu befreien. Ganz zu schweigen von den Nachbarn, die von so einer Art Gärtnerei nicht gerade begeistert sein werden.
Gute Rasenstandorte sind sandige Lehmböden. Sie haben eine günstige Durchlässigkeit für Wasser, können aber Nährstoffe festhalten. Auf schweren Böden staut sich bei nasser Witterung das Wasser, und es kommt zu Moosbildung. Bei einer Neuanlage von Rasenflächen ist also wichtig, daß eine gute Bodenlockerung vorgenommen wird, d. h., daß bei schweren Böden Sand und Styromull oder Hygropor mit eingearbeitet werden. Bei leichten Böden ist die Verwendung von Torf und Hygromull von Vorteil, weil beide in der Lage sind, Wasser und Nährstoffe zu speichern.
Der gelockerte Boden wird abschließend mit einem Rechen eingeebnet, wobei noch Erdklumpen zerkleinert und oben liegende Steine entfernt werden. Um in die mit so viel Sorgfalt geebnete Fläche nicht wieder Unebenheiten und Fußabtritte zu bringen, fertigen wir uns aus Brettern und Riemen oder Schnüren Trittbretter an, die wir an die Schuhe binden. So ausgerüstet, kann mit der Einsaat begonnen werden. Der vorher gut durchgemischte Samen wird gleichmäßig auf die leicht angetrocknete Oberfläche verteilt und anschließend etwa 1–2 cm tief mit dem Rechen in

Robuster Gebrauchsrasen, der von der ganzen Familie »genutzt« werden darf.

den Boden eingearbeitet. Dann wird die ganze Fläche nochmals festgetreten oder gewalzt, damit der Samen Anschluß an die Bodenfeuchtigkeit erhält und so vor Austrocknung und Verwehen geschützt ist. Spatzensicher ist er so allerdings noch nicht, denn die frechen Kerle holen sich ihren Anteil bestimmt heraus.

Es darf auch nicht übersehen werden, daß die eingesäte Bodenfläche feucht gehalten werden muß, wenn die Saat bald sprießen soll. Sobald das Gras etwa 10 cm hoch ist, wird das erste Mal gemäht, wobei die Schnittiefe nicht zu niedrig sein soll, damit sich die Graspflanzen gut entwickeln können.

Gedüngt werden sollte erst, wenn der Rasen richtig eingewachsen ist, um Verbrennungen zu vermeiden.

Polsterstauden für den Wegrand

In vielen Gärten ist immer wieder zu sehen, daß Wege mit kleinen Betonwänden oder Wellplastikstreifen eingefaßt sind. Die Gartenbesitzer sind sich gar nicht bewußt, wie steril und unnatürlich das wirkt. Wieviel lebendiger und aufgelockerter sieht es aus, wenn entlang des Weges Polsterstauden blühen, die in ihrer bunten Vielfalt auch ruhig mal etwas über den Weg hereinwachsen sollen. Das unterbricht eine unschöne, gerade Linienführung auf wohltuende Weise.

Es spielt dabei keine Rolle, ob es ein einfacher Kiesweg oder ein Plattenweg ist, die Wirkung bleibt immer gleich gut. Selbst die unschönen Betoneinfassungen können un-

Hübsche Kieswegbegrenzung mit Polsterstauden, die ruhig in den Weg hereinwachsen dürfen.

ter den überhängenden Polstern verschwinden. Auch entlang des Zaunes oder am Rand des Gemüsegartens geben solche Kleinstauden dem Garten eine heitere, freundliche Note. Es sieht wunderhübsch aus, wenn die weißen, blauen und gelben Polsterstauden kombiniert werden mit einjährigem Männertreu, zweijährigem Islandmohn in gelb, orange und rot, mit der blauen *Anemone blanda* und einigen Zwiebelgewächsen wie Tulpen, Narzissen und Krokussen. Es wäre aber langweilig, würde es hier nur im April/Mai blühen. Deshalb sollten auch sommerblühende Kleinstauden und Einjahrsblumen ihren Platz auf dem Beet finden. Die Tabelle zeigt einige Vorschläge zur Bepflanzung mit Polsterstauden.

Freunde von uns machen sich jedes Jahr die Mühe und ziehen alle möglichen Sommerblumen selbst. Entlang des Weges werden sie nach der Tulpenblüte ausgepflanzt. Nur einige wenige ausdauernde Stauden sind auf dem Beet, um keine Lücken aufkommen zu lassen. Männertreu, Tagetes, Verbenen, Leberbalsam, Alyssum, Ziertabak, Astern und Zinnien geben ein herrliches Farbenspiel. Bereits beim Betreten des Gartens ist man überwältigt von diesem üppigen Blütenreichtum.

Der Aufwand für solch ein Beet ist allerdings sehr hoch, weil es jedes Jahr neu angelegt werden muß.

Polsterstauden

Deutscher Name	Botanischer Name	Farbe	Höhe	Blütezeit
Steinkraut	*Alyssum*	gelb	15 cm	IV–V
Gänsekresse	*Arabis*	weiß	10 cm	IV–V
Blaukissen	*Aubrieta*	mittelblau	10 cm	IV–V
Glockenblumen	*Campanula carpatica, C. portenschlagiana*	Blautöne hellviolett	20 cm 15 cm	VI–VIII VII–VIII
Hornkraut	*Cerastium tomentosum*	weiß	10–15 cm	V–VI
Nelken	*Dianthus gratianopolitanus, D. plumarius*	hell-rosarot	10–30 cm	V–VII
Schleifenblume	*Iberis saxatilis*	weiß	10–15 cm	V
Zwerg-Schwertlilien	*Iris barbata-nana*	versch. Farben	15–30 cm	IV–V
Polsterphlox	*Phlox subulata*	weiß, Rottöne	10–15 cm	V–VI
Seifenkraut	*Saponaria oxymoides*	karminrot	20 cm	V–VII
Fetthenne	*Sedum* polsterbildende Arten	versch. Farben	10–25 cm	VI–IX
Hornveilchen	*Viola cornuta*	lilablau	10 cm	IV–V

Zwiebelblumen

Was kann den Garten im Frühjahr so farbenfroh machen wie die Blüten der Blumenzwiebeln? Unter Gehölzen, die im Frühjahr noch ohne Blattwerk sind, an einer Trockenmauer, entlang des Weges und im Steingarten fühlen sich die Frühjahrsblüher besonders wohl, und unter der wärmenden Frühlingssonne beginnen sie alsbald, ihre zarten Blüten zu öffnen. Dann hält es auch der Gartenfreund nicht mehr aus in seiner Wohnung. Nach dem langen Winter will er das Erwachen in seinem Garten erleben und freut sich über die ersten Schneeglöckchen und die sehr früh blühenden Wildkrokusse. Auch Narzissen und Tulpen spitzen schon teilweise aus der Erde hervor, und man kann sich gut vorstellen, wie hier alles in kurzer Zeit grünt und blüht.

Hat nun ein Hobbygärtner die richtige Auswahl getroffen, dann wird es von Frühling bis Herbst immer in irgendeiner Ecke des Gartens blühen. Bereits im März sind die Wildkrokusse in voller Blüte und dienen den Bienen bei der ersten Nahrungssuche. Schneeglöckchen und Winterlinge sind um diese Zeit meist schon erblüht. Die Frühlingsboten kommen um so eher, je wärmer ihr Standort im Frühjahr ist.

Blumenzwiebeln in der Heide

Neben unserem Sitzplatz am Haus haben wir eine kleine Heideecke. Bereits im zeitigen Frühjahr blüht dort die Schneeheide in hell- und dunkelrosa. Dazu habe ich vor Jahren Zwiebelchen von *Crokus tomasinianus* ausgelegt. Die Krokusse haben sich inzwischen so ausgesät, daß sie in der ganzen Umgebung und sogar beim Nachbarn zu finden sind und eine unwahrscheinliche Fülle von Blüten hervorzaubern. Dazwischen stehen Schneeglöckchen, und unter einer benachbarten Bergkiefer lugen Winterlinge hervor. Sogar eine frühe Wildtulpenart, *Tulipa turkestanica,* blüht schon um diese Zeit. Sie hat Blüten wie kleine sandfarbene Sterne, die zu mehreren an einem Stiel sitzen. Zwei andere Krokusarten sind noch an dieser Stelle, und zwar *Crocus sieberi* (himmelblau) und *Crocus ancyrensis* (goldorange). Später gibt es in diesem Bereich noch weitere Wildtulpen. Ein paar Mini-Narzissen kommen noch zum Vorschein, und im Halbschatten der Bergkiefer fühlen sich die Schachbrettblumen (Kiebitzeier) so wohl, daß auch sie ständig aussamen und an allen möglichen Stellen der Heideecke eine einzelne Blüte zum Vorschein kommt. Die großblütige Verwandte dagegen, die Kaiserkrone, die in der Nähe steht, ist leider sehr blühfaul; wahrscheinlich fehlt ihr eine gute Dränage. – Das ist eine unserer Frühlingsecken. Vielleicht findet der eine oder andere dadurch Anregung.

Als erste Frühlingsblüher kommen Krokus, Schneeglöckchen und Iris.

Malerische Frühlingsecke

In einem anderen Teil des Gartens, der von der Terrasse gut einzusehen ist, wurde unter einer malerischen *Buddleia alternifolia* und dem benachbarten Fingerstrauch eine andere Frühlingspflanzung angelegt. Diesmal sind es *Crocus etruscus* (sehr früh blühend in hellblauviolett), dazu blaue Leberblümchen, Schneestolz, Schneeglöckchen und zwei verschiedene Tulpensorten: *Tulipa tarda,* 15 cm hoch, mit schönen, gelben Sternblüten, und *T. eichleri,* 30 cm hoch, leuchtend rot. Im Hintergrund blühen später Narzissen, der Hundszahn, *Erythronium,* und die 30 cm hohen Blausterne, *Scilla hispanica.* Unter einer gelben Pfingstrose, *Paeonia mlokosewitschii,* haben sich Traubenhyazinthen und Blausternchen angesiedelt.

Frühe botanische Tulpen.

Blüten übers ganze Jahr

Will ein Gartenfreund Krokusse oder auch Narzissen in den Rasen einbringen, muß er sich vorher im klaren sein, daß der Rasen erst gemäht werden kann, wenn die Blätter dieser Zwiebelpflanzen anfangen zu vergilben. Stehen aber Obstbäume oder ein Ziergehölz im Rasen, können die Blumenzwiebeln in dem dort offenen Boden untergebracht werden. Vor der dunklen Kulisse eines Nadelgehölzes z. B. nehmen sich Blüten ganz besonders gut aus.

An eine Stelle mit durchlässigem Boden passen Zwiebeliris. Sie blühen im März/April, 25–30 cm hoch; sie harmonieren sehr schön mit anderen Frühlingsblühern.

Bei den Tulpen ist in der Blühzeit eine deutliche Staffelung vorhanden. Die letzten, lilienblütigen Tulpen lassen sich mit den ersten blühenden Beetstauden bestens in Einklang bringen. Zur selben Zeit blüht schon die gelbe Gemswurz *(Doronicum)* und das hellblaue Kaukasusvergißmeinnicht *(Brunnera).* Eine sehr schöne Wirkung wird erzielt, wenn rote Tulpen mit Blaukissen oder der weißen Gänsekresse kombiniert werden.

Für die kleinen Wildtulpen und Mini-Narzissen ist auch der Steingarten ein idealer Standplatz. Die Bodenverhältnisse sagen ihnen dort zu, und die meist zwergige Pflanzengesellschaft paßt genau zu den dezenten Wuchsformen dieser Zwiebelgewächse.

Narzissen vermehren sich ausgezeichnet.

Nach diesem Feuerwerk von Frühlingsblühern kommen die Lilien. Wunderschön auch sie, doch leider oft sehr empfindlich. Will man sie lange im Garten haben, müssen die entsprechenden Kulturbedingungen für die einzelnen Arten berücksichtigt werden. Die Blühzeit ist ebenfalls sehr unterschiedlich, so daß Kombinationen mit Stauden, Gräsern und Kleingehölzen gut möglich sind.
Zur Zeit des Altweibersommers kommen nochmals ein paar Zwiebelchen aus dem Boden: Blaßlila Herbstzeitlose öffnen nach und nach ihre Blüten, um die letzte wärmende Sonne einzufangen. Eine sehr ähnliche Art sind die herbstblühenden Krokusse. Sie sollen so ausgelegt werden, daß die wirklich reizenden Blüten voll zur Wirkung kommen und nicht im herbstlichen Gewirr der Prachtstauden untergehen. Selbst die ersten Herbstfröste können diesen zarten Geschöpfen nichts anhaben.

Kletterpflanzen

Um der Gartenlaube auch von außen eine anheimelnde Atmosphäre zu verleihen, wird mancher Gartenfreund an den Kauf einer Kletterpflanze denken. Es gibt mehrere Möglichkeiten zur Berankung von Lauben, Pergolen und Zäunen. Einige dieser Pflanzen sind aber für klimatisch weniger begünstigte Lagen nicht zu empfehlen, da sie warme, geschützte Stellen oder Hauswände brauchen, um ihre volle Schönheit entfalten zu können. Deshalb werden hier nur ein paar Arten vorgeschlagen, die in jedem Garten gedeihen.
Die bekanntesten Kletterer sind sicher die Waldreben *(Clematis)*. Sie klettern mit Hilfe von Blattranken und müssen deshalb nicht angebunden werden. Alle Clematis brauchen einen lockeren, humosen und schwach sauren Boden, also Waldverhältnisse. Sie wollen mit ihrem Fuß im Schattenbereich stehen, wo sie die nötige feuchte Kühle haben. Der obere Bereich aber liebt volle Sonne. Bei uns in Kultur sind vor allem die großblumigen Hybriden in verschiedenen Farben. Erwähnenswert aber sind auch die Wildarten

mit ihren meist glockenartigen Blüten. Sie wirken wunderschön in ihrer natürlichen Schlichtheit und sind zudem außerordentlich wüchsig. Zu nennen wären in erster Linie die gelbblühende Glocken-Waldrebe, *Clematis tangutica,* die Alpen-Waldrebe, *C. alpina,* mit ihren hellblauen Blütenglocken und die Anemonen-Waldrebe, *C. montana* 'Rubens', die bei günstigem Standort ungemein üppig in Rosa blüht.

Eine andere, sicher auch bekannte Art von Kletterpflanzen sind die Geißblattgewächse *(Lonicera).* Sie sind vollkommen unempfindlich, gedeihen auf jedem Boden sowohl im Schatten als auch in der Sonne und sind willige Blüher. Leider werden sie gerne von Läusen heimgesucht. Schöne Sorten sind die rot blühenden *Lonicera brownii* 'Dropmore Scarlet' und die etwas schwächer wachsende 'Fuchsioides' sowie *Lonicera tellmanniana* mit gelben Blüten und das Jelängerjelieber *(L. caprifolium)* mit seinem betörenden Duft.

Die Pfeifenwinde *(Aristolochia)* mit ihren großen, dunkelgrünen, herzförmigen Blättern wirkt sehr dekorativ. Die Blüten sehen aus wie kleine Tabakspfeifen.

Eine nicht alltägliche Pflanze für die Berankung von Pergolen und Lauben ist der mehrjährige Hopfen *(Humulus lupulus).* Da er außerordentlich rasch wächst, ist bald eine Begrünung vorhanden. Die ausgefallene Blütenform ergibt ein hübsches Bild. Hopfenzweige eignen sich gut für die Vase. Im Herbst wird die Pflanze einfach heruntergeschnitten; sie treibt dann im Frühjahr neu durch.

Die einjährigen Kletterer wollen wir nicht vergessen. Sie können auch an der Kompostlege oder an Zäunen eingesät oder gepflanzt werden. Da ist in vorderster Linie die duftende Edelwicke in ihren bunten Farben zu nennen. Sie ist zum Schnitt gut geeignet.

Die Glockenrebe *(Cobaea)* hat violette Glocken und blüht von Juni bis zum Frosteintritt. Die Kapuziner-

Geißblatt *(Lonicera tellmanniana)*

Eine nicht alltägliche Berankung mit dem sehr raschwüchsigen, wirkungsvollen Hopfen.

kresse schließlich kennt sicher jeder. Wer von einer Kletterpflanze auch noch ernten will, berankt einfach mit Feuerbohnen. Sie machen dicht, blühen feurig-rot und geben eine gute Ernte.

Von einigen Arten muß für den Kleingarten ganz abgeraten werden. Der Knöterich *(Polygonum)* ist mit Vorsicht zu genießen, da er derart wuchert, daß man ihn über kurz oder lang ganz aus dem Garten entfernen muß. Ebenso der Wilde Wein *(Parthenocissus)*; er ist zwar wunderschön, wenn er im Herbst feurigrot leuchtet, aber seine Wuchsfreudigkeit ist nicht zu bremsen. Er wird gut und gerne seine 8–10 m hoch. Manch einer unter den Gartenfreunden stellt sich seine Laube von Efeu umrankt vor, was ganz romantisch aussieht. Das böse Erwachen aber kommt dann, wenn er richtig eingewachsen ist. Er dringt dann durch alle noch so kleinen Ritzen und kann sogar Wasserschlagbretter der Lauben sprengen und Dächer undicht machen. Ganz abgesehen davon, daß das Holz der Laube sehr unter so einem dichten Bewuchs leidet. Bleiben wir also lieber bei den Blütenranken, sie zerstören nichts und erfreuen uns mit ihren Farben.

Rosen

Die bezaubernde Schönheit der Rose und ihr unvergleichlicher Duft, das sind wohl die Gründe, warum sie so eine Sonderstellung bei den Hobbygärtnern einnimmt. Deshalb ist sie mit ihrer ganzen Vielfalt und üppigen Blütenpracht in beinahe allen Gärten vertreten. Auch im Kleingarten kann durch gute Gestaltung mit Rosen ein Hauch von Romantik entstehen.

Standortansprüche

Die beste Pflanzzeit ist im Oktober/November, aber auch im Frühjahr kann gepflanzt werden, sobald der Boden offen und nicht mehr schmierig ist.
Rosen brauchen einen luftigen Standort, damit der Wind die Blätter schnell abtrocknen kann, um einem Pilzbefall vorzubeugen.
Rosen wachsen auf allen normalen Gartenböden, die ausreichend mit Humus versorgt sind. Der Boden wird vor dem Pflanzen tiefgründig gelockert, da Rosen Tiefwurzler sind. Die Veredelungsstelle muß auf alle Fälle 5 cm tief in den Boden kommen. Nach der Pflanzung wird mit Erde angehäufelt.

Pflanzabstände

Edel- und Beetrosen	35–50 cm
Zierstrauchrosen	80–100 cm
Kletterrosen	150–200 cm
Hochstämme in der Reihe	100 cm

Rankende Rosen

Sehr beliebt sind Rosenbögen am Eingang zum Garten. Die Wirkung wird noch erhöht, wenn als Berankung eine dunkelrote Kletterrose, z. B. die Sorte 'Flammentanz', 'Paul Scarlet Climber' oder 'Gruß an Heidelberg' zusammen mit einer zart rosafarbenen ('New Dawn') gepflanzt wird. Der Rosenbogen selbst kann ein weißes Rohrgerüst sein oder aus Holz angefertigt werden, ähnlich einer Pergola. Es kommt allerdings darauf an, welche Art vom jeweiligen Stadtgartenamt genehmigt wird.
Ganz reizend sieht es aus, wenn zu der Kletterrose am Eingang einige Hochstammrosen entlang des We-

Duftige Rosenhecke entlang des Zaunes.

ges gepflanzt werden. Eine Unterpflanzung mit dazu passenden einjährigen Bodendeckern (z. B. *Lobularia maritima*) rundet das Bild ab. Dabei ist allerdings ein Problem zu beachten: Die Hochstämmchen müssen vor dem Winter umgelegt und ihre Kronen mit Erde angehäufelt werden, damit die Veredlungsstelle vor Frost geschützt ist. Zuvor sind noch alle Blätter zu entfernen, weil sie sonst faulen würden.
Wenn Zäune vorhanden sind, was vor allem bei Eck- oder Außengärten der Fall ist, kann entlang der gesamten Zaunfront eine Hecke mit Kletterrosen vorgesehen werden,

Hochstammrose 'Super Star'

die da und dort von dauerblühenden Zierstrauchrosen unterbrochen wird. Als Vorpflanzung dazu paßt ein Prachtstaudenbeet mit Rittersporn, Margeriten, Salbei, Sonnenhut, lilafarbener Indianernessel, Sonnenbraut und Gräsern. Um eine gute Gruppenwirkung zu erzielen, setzt man am besten wenigstens 3 Stück einer Art zusammen.
Mit Strauchrosen lassen sich ebenfalls gute Ecken gestalten. Sehr reichblühende, rosafarbene Rosen wie die Sorten 'Märchenland' oder 'Centenaire de Lourdes' eignen sich hervorragend zur Verbindung mit hellblauem Lavendel und Gräsern wie Blauschwingel oder Blaustrahlhafer.
Für die Berankung der Pergola am Haus würde ich dunkelrote Kletterrosen vorschlagen, weil diese sich vom Holz der Pergola gut abheben. Als Kontrast wird häufig eine dunkelblaue oder weiße Clematis dazugesellt.

Auf dem Beet

Beetrosen sollen nicht alleine gepflanzt werden, wie das in großen Grünanlagen praktiziert wird. In kleinen Gärten ist die Wirkung von Rosen weitaus besser, wenn sie in Gesellschaft von einigen Stauden und Gräsern sind. Es muß aber immer darauf geachtet werden, daß die Rosen dominieren und nicht von den Stauden in ihrer Wirkung unterdrückt werden. Werden mehrere Rosensorten auf ein Beet gebracht,

'The Queen Elizabeth Rose' mit Katzenminze, Salbei und Eisenhut ist eine reizende Farbkombination in Rosa und Hellblau.

ergibt das ein sehr unruhiges Bild. Bei uns sind z. B. zehn Rosen der Sorte 'Tornado' und zehn Stück 'Irish Wonder' auf einem Beet; beide sind blutrot. Dazwischen stehen Lavendel, dunkelblauer Salbei und verschiedene Gräser. Um alles ein wenig aufzulockern, kamen noch ein paar Pflanzen Schleierkraut, *Gypsophila* 'Rosenschleier', dazu, Höhe 25 cm. Auch etliche duftende Madonnenlilien erheben sich in ihrer weißen Eleganz über die Pflanzung. Als Bodendecker habe ich vor Jahren das weiße Steinkraut, *Lobularia maritima,* Höhe 10 cm, dazwischengesät. Seitdem bedeckt es jeden Sommer mit seiner üppigen Blütenfülle den Boden des Rosenbeetes.

Ich kann Ihnen versichern: das sieht bezaubernd aus. Das Steinkraut lasse ich auch über Winter auf dem Beet als Mulchdecke. Außerdem sät es sich aus und kommt so im Frühjahr nach dem Abdecken der Rosen wieder.

Damit es auch im Frühling Blüten zu sehen gibt, habe ich auf dem ganzen Beet Tulpenzwiebeln verteilt, die sich inzwischen enorm vermehrt haben. Zuerst blühen die roten, frühen Tulpen, später werden sie von einer gelben Sorte abgelöst. An den Rändern leuchten dazu die Blauglöckchen und Traubenhyazinthen. Nach diesem reichlichen Blütenflor der Frühjahrs-Zwiebelblumen sind dann die Rosen an der Reihe, samt Begleitung.

Ziergarten

Stauden

Nicht nur Gehölze sollen im Garten ihren Platz finden, auch Prachtstauden und einjährige Sommerblumen gehören unbedingt dazu. Sie sind das Tüpfelchen auf dem i und verleihen dem Gärtchen eine heitere, beschwingte Note. Wer beim Einkauf in der Staudengärtnerei auf die Blühzeit achtet, kann vom Frühjahr bis Herbst reichen Blütenflor auf den Beeten haben.

Stauden sind im allgemeinen recht genügsam und anspruchslos. Die meisten gedeihen auf allen guten, humosen Gartenböden. Ihre Verwendung ist sehr vielseitig, z. B. in einer Staudenrabatte, in Schattenpflanzungen, am Wasserbecken oder einem Teich, in einer Steppenpflanzung oder einer Heideecke. Trotzdem sollten bei der Auswahl der Pflanzen die natürlichen Standortansprüche berücksichtigt werden. Breitblättrige Stauden oder solche mit Schilfcharakter gehören an feuchte Plätze. Graulaubige, filzige Blätter aber zeigen an, daß sie einen trockenen, sonnigen Standort bevorzugen. Es wäre verkehrt, würde man von vielen Staudenarten jeweils eine Pflanze nehmen und alles durcheinander pflanzen. Eine gute Wirkung wird im allgemeinen dann erzielt, wenn von einer Sorte mindestens 3 Stück, von kleinbleibenden Arten eventuell sogar 5 Stück in einer Gruppe zusammen sind. Damit keine langweilige Soße von Blüten entsteht, muß vermieden werden, daß lauter gleich hohe Arten nebeneinander zu stehen kommen. Die Gestaltung mit unterschiedlichen Höhen ist auf alle Fälle reizvoller. Dabei kann ruhig einmal eine etwas höhere Pflanze in den Vordergrund rücken.

Auch die Farbenzusammenstellung spielt eine große Rolle. Gut aufeinander abgestimmte Farbtöne erhöhen den Reiz einer Pflanzung. Das Beet sollte wenigstens 1 m breit sein – je breiter, desto besser die Wirkung; so lassen sich die Pflanzen besser gruppieren. Pflanzabstände für halbhohe und mittelhohe

Staudenkombination

Höhere und niedrige Stauden kombiniert mit Dahlien und einjährigen Polsterpflanzen.

Stauden sind ca. 20–40 cm, für hohe Stauden 40–80 cm je nach Art und Sorte. Die vielen Staudenarten sind wieder unterteilt in Sorten, die sich in Blütenform, Farbe, Höhe und Wüchsigkeit voneinander unterscheiden. Wer also eine ganz bestimmte Sorte haben möchte, braucht dazu die vollständige botanische Bezeichnung; nur so hat man die Gewähr, die richtige Pflanze zu bekommen.
Gut zur Geltung kommen Stauden vor einem Hintergrund, z. B. vor Mauern, Zäunen oder Gehölzen. Hier kann auch ein etwas größeres Gehölz als »Gerüst« eingebaut werden, an das sich die Pflanzung anlehnt.

Gräser

Bei Staudenpflanzungen dürfen auch Gräser nicht fehlen. Sie lokkern den Gesamteindruck erheblich auf und sind so ein wesentliches Gestaltungselement. Natürlich sollen auch sie immer der Größe des Gartens angepaßt werden. Ein Riesenchinaschilf von 3,50 m Höhe und entsprechender Breite wäre hier fehl am Platze.
Aber es gibt ja wesentlich kleinere Arten, die sich im Kleingarten als Kombination mit Stauden ausgezeichnet eignen.
Für schattige Plätze oder an Wasserstellen wirken vor allem Seggenarten gut *(Carex)*. Die Morgensternsegge, *Carex grayi*, ist sehr dekora-

Blauschwingel

Blaustrahlhafer

tiv durch die morgensternartigen Fruchtstände, Höhe 80 cm. Die Bergsegge, *Carex montana*, bildet schmale, überhängende Schöpfe und wird nur 20 cm hoch. Die Japansegge, *Carex morrowii* 'Variegata', wird 40 cm hoch und hat glänzend dunkelgrüne Blätter. Die Waldschmiele, *Deschampsia caespitosa* 'Bronceschleier', Höhe 120 cm, Ähren goldbraun, wirkt ebenfalls dekorativ.

Für sonnige Stellen und leichte Böden, zwischen Zwerggehölzen und im Heidegarten finden die verschiedenen Schwingelarten Verwendung. Der Blauschwingel, *Festuca glauca,* ist zart und wird nur 20 cm hoch; er ist sehr zu empfehlen.

Der Atlasschwingel, *Festuca mairei*, bildet lockere, graugrüne Büschel, Höhe 60 cm. Größere Horste bildend und im ganzen robuster als der Blauschwingel ist der Blaustrahlhafer *Avena sempervirens*, Höhe ca. 80 cm, mit steifen, schmalen, blaugrünen Blättern. Nur 10 cm hoch wird der Zwergblauschwingel, *Festuca valesiaca* 'Glaucantha', ebenfalls mit graugrünen Blättern. Als Zwischenpflanzung, besonders bei Bartiris, wirkt das Perlgras, *Melica ciliata,* ausgezeichnet, Höhe 60 cm, Blätter graugrün. Für Flächen mit Steppencharakter passen vor allem das Lampenputzergras, *Pennisetum compressum* 'Hameln', Höhe 60 cm, sowie das Goldleistengras, *Spartina michauxiana* 'Aureomarginata', Höhe 1,50 m, Blätter

weit überhängend mit breiten, gelben Leisten.
Sehr schön sind auch die verschiedenen Federgrasarten; *Stipa barbata*, Höhe 80 cm, mit langen, federartigen Grannen, die sich elegant im Wind bewegen. *Stipa pennata* ist nur 60 cm hoch und hat ebenfalls lange Grannen. Unter den einjährigen Gräsern wären noch einige, sehr wirkungsvolle Arten zu nennen, die sich gut in Staudenpflanzungen einfügen lassen:
Zittergras, *Briza maxima*, Höhe 40 cm.
Mähnengerste, *Hordeum jubatum*, 60 cm hoch.
Hasenschwanzgras, *Lagurus ovatus*, 25–30 cm hoch.
Trespe, *Bromos macrostachys*, 60 cm hoch.
Federborstengras, *Pennisetum villosum*, 60 cm hoch.

Beispielhafte Staudenkombinationen

Die verschiedenen nachfolgenden Beiträge für kleine Pflanzungen in Sonnenbereichen, am Teich oder in schattigen Ecken sollen ein paar Anregungen für Ihren eigenen Bereich geben. Durch Veränderungen in der Zusammenstellung können Sie sicher noch mehr Wirkung erzielen. Das aber soll der einzelne Hobbygärtner individuell, nach seinem persönlichen Geschmack lösen. Auf alle Fälle aber kann man auch im Kleingarten aus kleinsten Flächen hübsche Details schaffen.
In unserem Garten haben wir ein großes Sonnenstaudenbeet, das den Gemüseteil vom übrigen Garten abtrennt. An der schmalsten Stelle ist es 1,50 m breit. Das Beet verläuft entlang der Nachbargrenze und folgt dem Halbrund des Rasens, wo es eine Breite von 2 m erreicht. Die rechte Außenseite des Beetes endet an einem quer verlaufenden Rosenbeet. Dort dominiert ein schmalblättriger Sommerflieder, *Buddleia alternifolia,* neben einem gelb blühenden Fingerstrauch, *Potentilla,* Höhe 1 m, Blütezeit Juni. Die Buddleia ist ca. 3 m hoch und hat lange, bogig überhängende, dünne Zweige, die im Juni blühen und duften. Der ganze Strauch sieht dann aus wie ein Wasserfall aus Blüten. Von Zeit zu Zeit wird das alte Holz entfernt; so wird seine Wuchsfreudigkeit in Grenzen gehalten.
Neben der Buddleia geben zur gleichen Zeit auch noch Rittersporne, *Delphinium* 'Völkerfrieden', Höhe 1 m, mit ihrem leuchtenden Enzianblau eine gute Farbwirkung, ebenso die Frühlingsmargerite, *Chrysanthemum leucanthemum*, 50 cm hoch, weiß blühend. Davor ist noch eine Gruppe dunkellaubiger Lichtnelken, *Lychnis arkwrightii,* plaziert, mit leuchtend roten Blüten, 20–25 cm hoch. An den Rittersporn anschließend blüht ein schönes Exemplar eines Gartenmohnes, *Papaver orientale* 'Beauty of Livermere',

1 m hoch, mit einem samtigen Dunkelrot. Die Wirkung dieser ganzen Gruppe ist faszinierend. Unter dem Sommerflieder leuchten im Frühjahr die verschiedensten botanischen Krokusse, Tulpen und Schneeglöckchen. Im Sommer breiten sich dort Glockenblumen aus, und zwar *Campanula portenschlagiana*, 10 cm hoch, hellilablau, sowie *Campanula carpatica* 'Blaue Clips', 30 cm hoch, himmelblau.

In einem anderen Teil dieses Staudenbeetes blüht im Frühjahr das hellblaue Kaukasus-Vergißmeinnicht zusammen mit der gelben Gemswurz und roten Tulpen. Nach diesen Frühjahrsblühern dominieren hier mittelhohe und hohe Stauden. Im Hintergrund das Sonnenauge, *Heliopsis* 'Karat', Höhe 1,50 m, leuchtendgelb, dazu dunkelblauer Eisenhut, *Aconitum napellus,* etwa 1 m hoch, sowie eine tieflachsrosa Herbstaster, *Aster novae-angliae*, Höhe 120 cm. Eine rote Kaktusdahlie, *Dahlia variabilis*, 80 cm hoch, und die leuchtendbraunrote Sonnenbraut, *Helenium* 'Moerheim Beauty', ergänzen das Bild. Als Vorpflanzung wurde die rote Flammenblume, *Phlox paniculata* 'Starfire', 90 cm, und die weiße Sommermargerite, *Chrysanthemum maximum* 'Gruppenstolz', Höhe 60 cm, gewählt. Statt Phlox würde sich auch die Dahlie 'Bishop of Llandaff' ausgezeichnet einfügen. Sie wird etwa 1 m hoch, hat dunkles Laub und feuerrote Blüten.

Sonnenauge, Eisenhut und Dahlien.

Harmonie zwischen Stauden, Sommerblumen und Gräsern.

Ein ausdauerndes Gras sollte nicht fehlen. Hier ist es das Lampenputzergras, *Pennisetum compressum*; die Blütenähren stellen sich erst im Spätsommer ein. Es wurde zwischen einer hellblauen Skabiose, *Scabiosa caucasica* 'Clive Greaves', und dem gelben Mädchenauge, *Coreopsis lanceolata* 'Sonnenkind', und *C. grandiflora*, 30 cm bzw. 80 cm hoch, eingebracht. Statt dieser beiden *Coreopsis*-Sorten könnte auch der Sonnenhut, *Rudbeckia sullivanti* 'Goldsturm', verwendet werden. Er blüht goldgelb mit dunkelbraunem Knopf von August bis Oktober, Höhe 60 cm. Da manche Stauden nur eine relativ kurze Blühzeit von 6–8 Wochen haben, wird immer noch Platz gelassen für einjährige Sommerblumen wie rote Zinnien, *Zinnia elegans* 'Scarlet Flame', lilafarbenes Eisenkraut, *Verbena rigida*, Höhe 30 cm, und *Verbena bonariensis*, die 1 m hoch wird und da und dort locker dazwischen steht. Auch Schmuckkörbchen, *Cosmos sulphureus* 'Sunset', Höhe 50–60 cm, orange Blüten, und *Cosmos bipinnatus* 'Unschuld', Höhe 80–100 cm, in Weiß-, Rosa- und Rottönen und die einfa-

che China-Aster, *Aster chinensis*, Höhe 40 cm, in verschiedenen Farben, fehlen nicht.
Für einen anderen Teil aus der Staudenpflanzung bilden die nachbarlichen Spindelbüsche eine Hintergrundkulisse. In unserem Garten wurden 3 Beetrosen 'Europeana', Höhe 40–50 cm, leuchtend blutrot, und eine dauerblühende Zierstrauchrose 'Feuerwerk' in der sonnigsten Ecke placiert, dazu Salbei, *Salvia nemorosa* 'Ostfriesland', Höhe 40 cm, dunkelviolett. Im Vordergrund Perlkörbchen, *Anaphalis triplinervis*, mit silbergrauen Blättern und weißen Blütendolden. Anschließend eine Steppenkerze, *Eremurus bungei*, Höhe ca. 150 cm, kupferfarbig, eine Goldgarbe, *Achillea filipendulina* 'Coronation Gold', Höhe 70 cm, goldgelbe Dolden, und die Lichtnelke, *Lychnis calcedonica*, Höhe 1 m, leuchtend rot, dazu Rittersporn, *Delphinium* 'Völkerfrieden', 1 m hoch, dunkelblau. Die Flammenblume, *Phlox maculata* 'Rosalinde', Höhe 80–100 cm, karminrosa, paßt farblich ausgezeichnet dazu. Diese Sorte ist unempfindlich gegen Stengelälchen und Mehltau! Schließlich sind noch dabei Feinstrahl, *Erigeron* 'Sommerneuschnee' in weißrosa und 'Schwarzes Meer', tiefdunkellila, Höhe ca. 60 cm und nochmals Rittersporn. Als farbliche Aufhellung wurde noch einjähriger Goldmohn, *Eschscholtzia*, dazwischengesät, der bis Frosteintritt blüht.

Stauden um das Holzfaß
Wie schon an anderer Stelle gesagt (s. S. 17), wäre für den Ablauf der Dachrinne an der Laube ein Holzfaß samt der umgebenden Bepflanzung ein attraktiver Blickfang. Hier sollten Stauden zur Verwendung kommen, die ihrer äußereren Erscheinung nach zum Wasser passen und möglichst natürlich wirken.
Um einen guten Hintergrund zu haben, wurde an zwei Stellen Gartenbambus *(Sinarundinaria murielae)* vorgesehen. Er wird etwa 2 m hoch, muß aber in einen Betonring oder eine andere Begrenzung gepflanzt werden, weil er sonst unterirdisch loswuchern würde und bald einen Durchmesser von mehreren Metern hätte. Eine ebenfalls etwas höhere Staude im Hintergrund ist das Greiskraut *(Ligularia przewalski)* mit aufrechten, schmalen, gelben Ähren. Diese Sorte wurde verwendet, weil sie in ihrem ganzen Habitus zarter und feingliedriger ist als ihre Artgenossen. Blütezeit Juli/August. Hier ist Schutz gegen Schneckenfraß angebracht!
An verschiedenen Stellen blüht der Blutweiderich *(Lythrum salicaria)* mit 1,50 m hohen, lila Blütenkerzen im Juli/August. Taglilien *(Hemerocallis)* gehören ebenfalls hierher. Zur Farbe des Blutweiderichs harmoniert die rote Sorte 'Cherry Ripe' ebenso wie die goldgelbe Sorte 'Superstar', beide etwa 90 cm hoch. Was wäre eine Wasserstelle aber ohne Schwertlilien *(Iris sibirica)*?

Am Ablauf der Dachrinne ein Holzfaß, das von Stauden umgeben ist, die zum Wasser passen.

Mit ihren schmalen Blättern und den zarten Blüten sind sie von einer ungemein duftigen Wirkung. Die Höhe schwankt, je nach Sorte, von 50–150 cm. In der vorliegenden Pflanzung steht die mittelblaue Sorte 'Bluemere', die hellblaue 'Dragonfly' und die weiße Sorte 'White Swirl'.
Die Gelbe Sumpfschwertlilie *(Iris pseudacorus)*, Höhe 80–100 cm, muß immer wieder ausgelichtet werden, da sie sonst zu sehr überhandnehmen würde.
Japanische Sumpfiris *(Iris kaempferi)* sind gleichfalls vertreten, und zwar in der Sorte 'Aoigata' mit lila Blüten. Die Blütenform ist flach nach oben gerichtet. Sie brauchen während der Vegetationsperiode

sehr feuchte bis nasse Verhältnisse; kalkarmer Boden sollte vorhanden sein.
Nicht zu vergessen die Trollblumen *(Trollius europaeus)*, eine Wildstaude mit hellgelben Kugelblüten, die für Torfgaben dankbar ist, Höhe 50 cm, sowie deren Hybride *Trollius chinensis* 'Golden Queen', 80–100 cm hoch, mit goldgelben, schalenförmigen Blüten.
Im Frühjahr blühen in dieser Ecke auch noch Kugelprimel, *Primula denticulata*, in Blauviolett und Rottönen, Höhe ca. 25–30 cm, sowie die hübsche Rosenprimel, *Primula rosea*, mit ihren kräftig rosaroten Blüten, Höhe ca. 15–20 cm, Blütezeit März/April. Diese Primel reagiert empfindlich auf Trockenheit und braucht lehmigen, feuchten Boden. Zu diesen Primeln wurden Veilchen dazugesellt; die Farben harmonieren ausgezeichnet miteinander.
In solch einer Pflanzung dürfen auch Zwiebelblumen nicht fehlen. Sehr zeitig im Frühjahr wetteifern Schneeglöckchen mit den botanischen Krokussen. Später kommen noch kleine Tulpen dazu sowie die Mini-Narzissen *(N. cyclamineus)* 'Tète a Tète', und die Spanische Scilla *(Scilla hispanica)* in hellblau, 30 cm hoch. Im Sommer blühen die Feuerlilien der Sorten 'Tabasco' und 'Feuer und Rauch' mit dunkelroten Schalenblüten.
Um im Vordergrund das noch offene Erdreich abzudecken, wurde der Knöterich *(Polygonum affine)* mit seinen rosa Blüten angesiedelt. Er liebt etwas feuchten Boden und eine leicht schattige Lage, Höhe ca. 20 cm. Im Hintergrund und an den seitlichen Trittplatten wurde als Bodendecker das Pfennigkraut *(Lysimachia nummularia)* verwendet. Es blüht sattgelb vom Mai bis Juli. Es hat einen kleinen Schönheitsfehler: Man darf nicht übersehen, es hin und wieder in seine Grenzen zu verweisen, sonst wuchert es durch die ganze Pflanzung.

Ein Steingarten

Bei normalem Gartenboden wird die Grundfläche zuerst einen Spatenstich tief umgegraben und alles Unkraut sorgfältig entfernt. Dann mischen wir Gartenerde mit reichlich Kies und Sand, so daß eine gute Durchlässigkeit für Wasser gewährleistet ist.
Mit diesem Gemisch modellieren wir den Hügel in Nord-Süd-Richtung etwa 80 cm hoch.
Bei Heide- und Torfböden muß eine größere Beimischung von Lehm, Ton und Humus erfolgen, damit später die für Steingartenpflanzen wichtige Feuchtigkeit vorhanden ist.
Für den Aufbau sollte möglichst nur eine Gesteinsart verwendet werden, wobei einige größere Blöcke nicht fehlen dürfen. Um eine gute Wechselwirkung zu erzielen, werden die Steine nicht gleichmäßig über die

ganze Fläche verteilt, sondern schwerpunktmäßig zu verschieden großen Gruppen zusammengefaßt und die kleineren Kiesel dazwischengestreut. Die Felsstücke sind so zu setzen, daß sie auf der »faulen Seite« zu liegen kommen, d. h., sie sollen waagrecht lagern, wie dies in der freien Natur auch der Fall ist. Unter flachliegenden Steinen entsteht ein kühles, feuchtes Klima, in dem sich die ausbreitenden Pflanzenwurzeln besonders wohl fühlen. Auf den so vorbereiteten Hügel kommt nun die eigentliche Pflanzerde. Dies ist eine Mischung aus grobem Sand, Ziegelsplitt, Lehm, Lauberde. Die Erde soll sehr luftig, locker und humos und dadurch wasserhaltend sein. Für kalkliebende alpine Stauden und bei Heide- und Moorböden ist die Beigabe von Kalksplitt und kohlensaurem Kalk erforderlich. Zusätze von Düngemitteln sollten bei Steingartenpflanzen nicht oder nur in Ausnahmefällen gegeben werden. Die so vorbereitete Erde wird ca. 20 cm hoch auf den Hügel aufgebracht. Die Steine kommen dadurch tiefer zu liegen und wirken nun wie gewachsene Felspartien. Beim Pflanzen muß darauf geachtet werden, daß den natürlichen Standortbedingungen der Pflanzen Rechnung getragen wird. Stauden, die keine volle Sonne vertragen, werden auf die Nordseite des Steingartens gesetzt, wie z. B. alle Primelarten, Schneerose, Christrose *(Helleborus)*, Alpenveilchen *(Cyclamen)*, Felsenteller *(Ramonda)* und kleine Farne. Dort herrscht ein feucht-kühles Klima, und die schräg einfallenden Sonnenstrahlen können nicht schaden. Andere Pflanzen sind ausge-

Steingarten mit Kleingehölzen und Polsterstauden.

sprochene Sonnenanbeter, aber auch sie wollen es im Wurzelbereich kühl und feucht haben. Solche Bedingungen schaffen die eingebrachten Gesteinsbrocken.
Einige wenige Beispiele für die Sonnenseite: Mannsschild *(Androsace)*, Steinkraut *(Alyssum)*, Hungerblümchen *(Draba)*, Kugelblume *(Globularia)*, Silberwurz *(Dryas)*, Sonnenröschen *(Helianthemum)*, ein Teil der Hauswurz- und Steinbrecharten und kleine Gräser.
Um Schwerpunkte im Steingarten zu bekommen, bedarf es der Ergänzung durch zwergige Laub- und Nadelgehölze. Unter den Nadelgehölzen wären z. B. zu bevorzugen:
Zwergkiefer Mops, *Pinus mugo* 'Mops', im Alter 30–40 cm hoch, 50–60 cm breit;
Zwerglatsche, *Pinus mugo* var. *pumilio*, im Alter 50–60 cm hoch, 80–100 cm breit.
Zu diesen Kleingehölzen kann man dann noch die Schneeheide, *Erica herbacea, E. carnea*, dazugesellen. Die Wirkung wird unterstrichen, wenn als Benachbarung Zwiebelpflanzen hinzukommen.
An Laubgehölzen seien noch zu nennen: Rosmarin-Seidelbast, *Daphne cneorum*, 30–40 cm hoch, ein Zwergstrauch mit überhängenden Zweigen. Ferner Sommerginster, *Genista* 'Lydia', bis 50 cm

Ausschnitt aus einem hervorragend gestalteten Steingarten.

Die Hanglage begünstigte eine sehr reichhaltige Bepflanzung des sehenswerten Gartens.

hoch werdend, halbkugelig mit bogigen, dünnen Trieben.
Da wir es in unseren Gärten meist mit kleineren Steingartenflächen zu tun haben, kommen als Zwischenpflanzung nur wirkliche Zwergsorten in Betracht. Es empfiehlt sich aber, auch für solche Arten genügend Platz vorzusehen, damit später keine großen Veränderungen mehr vorgenommen werden müssen.
Für den Hintergrund können dann etwas größere Gehölze Verwendung finden. Eine sehr schöne Art ist die Mädchenkiefer (*Pinus parviflora* 'Glauca'), im Alter bis 4 m hoch werdend, bizarr wachsend.
Die Berg-Kiefer *(Pinus mugo, P. montana)* im Alter 3–4 m hoch, kann im Wuchs gedrungen gehalten werden, wenn im Mai die neuen, noch weichen Triebe um die Hälfte eingekürzt werden. Auch die sehr schöne Glockenrebe *(Clematis alpina)* sollte nicht fehlen. Sie braucht allerdings eine Rankhilfe. Die Bergkiefer mit ihrer Robustheit bietet sich dafür geradezu an. Welch ein herrliches Bild, wenn von der sattgrünen Benadelung die zarten, hellblauen Glöckchen sich abheben.
Wenn Sie Ihren persönlichen Geschmack noch nicht gefunden haben, besuchen Sie einen Botanischen Garten oder eine Garten-

schau; dort bekommt man viele nützliche Anregungen für die Bepflanzung eines Steingartens. Auch beim Gang durch eine Kleingartenanlage kann man einen Blick über den Zaun tun und sich informieren. In einer guten Staudengärtnerei oder in der Baumschule können Sie sich direkt vom Fachmann noch zusätzlich beraten lassen.

Ein kleiner Gartenteich

Eine besondere Anziehungskraft auf Mensch und Tier hat schon immer das Wasser ausgeübt, egal, ob es sich um einen rauschenden Gebirgsbach oder um stille Seen und Teiche handelt.
Da wir mit unseren bescheidenen Platzverhältnissen im Kleingarten keine großen Sprünge machen können, müssen wir uns mit einem Mini-Wasserbecken zufrieden geben. Die beste Lage für einen Teich wird dort sein, wo sich die ganze Familie am meisten aufhält, nämlich am Sitzplatz beim Gartenhaus. Dort kann man mit Muße beobachten, was sich an der Wasserstelle alles tut. Sicher werden sich bald die ersten schillernden Libellen einfinden. Singvögel nehmen den Teich gerne als Tränke an, und vielleicht siedeln sich bald ein paar grüne Teichfrösche an. Auch die sehr genügsamen Goldfische könnten sich hier wohl fühlen, finden sie doch in solchen Becken genügend Algen und Kleintiere, von denen sie sich ernähren.
Bei der Planung ist zu beachten, daß Wasserbecken immer eine sonnige Lage haben sollen. Wasserpflanzen brauchen Wärme und viel Licht. Die Form des Beckens wird mit dem Erdaushub festgelegt. Es spielt keine Rolle, ob der Teich rund, rechteckig oder unregelmäßig angelegt wird, ein Mindestmaß von 4 m^2 sollte aber schon vorgesehen sein, damit man eine Wirkung erreicht. Die Wände sollen nicht steil, sondern schräg bzw. abgestuft angelegt werden. Da nicht alle Wasserpflanzen die gleiche Tiefe brauchen, werden seitliche Flachzonen von nur 30–50 cm eingeplant. Die tiefste Stelle soll etwa 80–100 cm betragen. In dieser Tiefe gedeihen die meisten Seerosen am besten, und dort sind sie auch frostsicher.
Nach dem Erdaushub wird der Boden festgestampft und geglättet, damit die Folie vollkommen eben ausgelegt werden kann und nicht durchbohrt wird von Steinen oder Holzstückchen. Für Gartenteiche gibt es eigens starke Folien, die mit einem speziellen Plastik-Kleber miteinander verschweißt werden. Eine Carbofol-Folie, 2 mm stark, gibt es in Baustoffhandlungen. Diese kann mit einer Lötlampe zusammengefügt werden. Die Folien müssen ca. 10–15 cm über den Teichrand reichen. Dort werden sie mit Erde abgedeckt und mit Platten oder Bohlen belegt. So kann die Folie even-

Größerer Gartenteich mit verschiedenen Wasserpflanzen.

tuell später noch etwas nachgeben. Vor der Bepflanzung wird die Dichte des Beckens nochmals überprüft und ein Wasseraustausch vorgenommen, damit alle Reste von Verunreinigungen entfernt werden. Ist dann die neue Wasserfüllung etwas abgestanden, kann gepflanzt werden.

Wasserpflanzen

Eine so kleine Wasserstelle soll nur zu etwa $^1/_3$ von Pflanzen bedeckt sein. Vorsicht also beim Kauf von Wasserpflanzen! Es gibt viele Arten, die Ausläufer treiben. Große Schilfarten und Rohrkolben, Binsen und Wasserhahnenfuß sind nicht geeignet, weil sie zu sehr wuchern und mit ihren Pfahlwurzeln unter Umständen sogar die Folie durchbohren würden.

Die etwa 60 cm hohe Art des Zwergrohrkolbens, *Typha minima*, ist für flache Zonen bis 30 cm geeignet. Auch der Froschlöffel, *Alisma plantago aquatica*, Höhe ca. 40 cm, findet noch Platz. Von Vorteil ist es, Wasserpflanzen in breite Kübel oder Plastikbehälter zu setzen. Auf diese Weise hat man sie immer im Griff, und die Folie kann nicht beschädigt werden.

Seerosenwurzeln sind sehr sauerstoffbedürftig. Die Pflanzen gedeihen deshalb sehr gut, wenn sie in

Weidenkörbe gesetzt werden oder in Behälter, die seitlich durchlöchert sind. Man kann die Erde noch mit Kieselsteinen abdecken, um einen Auftrieb zu verhindern. Weiße Seerosen sind unter den zahlreichen Sorten am unempfindlichsten.

Weiße Sorten:
Nymphaea alba
Nymphaea odorata 'Maxima'
Rosa Sorten:
Nymphaea 'Formosa'
Nymphaea 'Rosennymphe'.

Hat sich ein Gartenfreund einen Mini-Teich von nur 30–50 cm Tiefe zugelegt, kommen nur Zwergsorten von Seerosen in Frage, wie z. B.
Nymphaea odorata (Duft-Seerose), weiß,
Nymphaea 'Lusitania', rosa,
Nymphaea tuberosa 'Rosea', fleischfarbig, duftend.
Diese Seerosen brauchen in Bekken, die zum Winter abgelassen werden, entweder eine 30–40 cm dicke Laubschicht, oder aber man nimmt sie aus dem Teich und überwintert sie im Haus.

Randbepflanzung
In die Wasserrandbepflanzung fügen sich Gräser hervorragend ein. Sie geben der Pflanzung eine natür-

Oben: Seerose.
Mitte: Sumpfdotterblume.
Unten: Japanische Iris.

liche Atmosphäre. Ein paar Vorschläge hierzu:
Lampenputzergras, *Pennisetum compressum*, Höhe 40–50 cm;
Tränensegge, *Carex pseudocyperus*, Höhe ca. 80 cm, breite Ähren an langen dünnen Stengeln;
Chinaschilf, *Miscanthus sinensis* 'Gracillimus', Höhe bis 1,70 m, schilfartiges Gras.
Als Bodendecker kommen in Frage: Knöterich *(Polygonum bistorta)*, Pfennigkraut *(Lysimachia nummularia)*, Günsel *(Ajuga reptans)* und die Polsterprimel *(Primula juliae)*. Auch ein Gehölz könnte gepflanzt werden, und zwar der rotblättrige Ahorn (*Acer palmatum* 'Dissectum Garnet'), Höhe 1,50 m, Breite etwa 2 m.
Blütenstauden für diesen Bereich ersehen Sie aus der Tabelle auf Seite 66. Wer den Teich mit Trittplatten umgeben will, ist gut beraten, wenn er Natursteine wählt. Diese wären zugleich ein guter Übergang

Gut eingewachsener Gartenteich mit Seerosen.

Pflanzen für den Wasserrand

Deutscher Name	Botanischer Name	Farbe	Höhe	Blühzeit
Bergenien	*Bergenia*	rosa	30–50 cm	IV–V
Sumpfdotterblume	*Caltha palustris*	gelb	20–25 cm	IV–V
Taglilien	*Hemerocallis*	orange, gelb, rot	100 cm	V–VIII
Funkie	*Hosta*	lila, weiß	40–50 cm	VII–VIII
Japanische Sumpfschwertlilien	*Iris kaempferi,* *I. laevigata*	violett rosa, tiefblau	80 cm 60 cm	V–VII VI–VIII
Fackellilie	*Kniphofia*	gelb, orange	60–150 cm	VII–IX
Blutweiderich	*Lythrum salicaria*	lila-rosa	150 cm	VI–VIII
Gauklerblume	*Mimulus*	orange, gelb, rot	20 cm	VI–IX
Kugelprimel	*Primula denticulata*	weiß, lila, rosa	8–10 cm	III–IV
Etagenprimel	*Primula japonica*	rot	50 cm	V–VII
Rosenprimel	*Primula rosea*	rosa	10–15 cm	III–IV
Primel	*Primula sikkimensis,* *P. florindae*	gelb gelb	50–60 cm 80–100 cm	VI–VII VI–VIII

zu einem benachbarten Steingarten. Da vor allem unsere Gebirgspflanzen sehr unter Boden- und Lufttrockenheit zu leiden haben, wäre ein Teich in der Nähe einer Steingartenanlage optimal. Durch die Verdunstung des Wassers wird die größte Hitze abgemildert und ein Kleinklima mit leichter Luftfeuchtigkeit geschaffen, das besonders unseren »Alpinen« sehr entgegenkommt.

Schattenbereiche

Bereiche, die im Kleingarten meist im Schatten des Gartenhauses liegen, werden oft sehr stiefmütterlich behandelt. Sie werden gerne als Abstellplatz für alles mögliche Gerümpel verwendet. Dabei wäre es mit nur wenig Mühe möglich, auch die Rückseite des Hauses ansehnlich zu machen. Freilich können sich die Blüten im Schattenbereich nicht

an Leuchtkraft mit den Stauden im Sonnenbeet messen. Mit ihren zarten Pastelltönen sind sie aber deshalb nicht weniger schön.
Die Japanischen Anemonen *(Anemone japonica)* mit ihren zauberhaften, rosa und weißen Schalenblüten, Höhe von 50–120 cm je nach Sorte, blühen von August bis Oktober in großer Fülle.
Silberkerzen *(Cimicifuga)* gesellen sich dazu mit zarten, weißen Blütenkerzen von Juli bis Oktober, Höhe je nach Sorte von 80–150 cm.
Die Krötenlilie *(Tricyrtis hirta)* bringt weißlich, lila gefleckte Blüten von eigenartiger Schönheit im August/September, Höhe 50 cm. Unter den vielen Arten der Herzblattlilien, Funkie *(Hosta)* seien hier nur zwei erwähnt, und zwar *Hosta lancifolia* mit schmallanzettlichen grünen Blättern und lila Blüten im Juli/August, Höhe 30 cm, ferner die Weißrandfunkie, *Hosta albomarginata*, mit schmalem, silberweißem Rand und lila Blüten, Höhe 60 cm.
Von den Prachtspieren *(Astilben)* ist vor allem die *Astilbe chinensis* 'Pumila' zu nennen. Sie hat lilarosa Kerzen von August–September und wird nur 25 cm hoch, was unserer kleinen Fläche sehr entgegenkommt. Ein hübscher Bodendecker ist die Schaumblüte, *Tiarella cordifolia*, Höhe 20 cm, mit lockeren, weißen Rispen im April–Mai. Im Schutze eines Kleingehölzes können in diesem Bereich die duftenden Sommer-Alpenveilchen *(Cycla-*

Überaus duftig wirkende Japanische Anemonen.

Silberkerze *(Cimicifuga)* im Schattenbereich.

men europaeum, C. purpurascens) gedeihen. Die Knollen sollen etwa 4–5 cm mit humoser Erde bedeckt sein. Die rosaroten Blüten erscheinen im August/Oktober, Höhe 15 cm.
An Gräsern passen dazu die Japan-Segge, *Carex morrowii*, Höhe 40 cm, *Carex pendula*, Höhe 80–100 cm, locker überhängend; sowie die zierliche, polsterbildende *Carex umbrosa*, Höhe 20 cm.
Auch Farne können noch dazwischengestreut werden. Sehr schön ist der Filigranfarn, *Polystichum setiferum* 'Proliferum'. Er hat ganz fein gefiederte Wedel und wird etwa 60 cm hoch. Der Hirschzungenfarn, *Phyllitis scolopendrium*, ist ungefiedert, lederartig und etwa 30–40 cm hoch. Der Rippenfarn, *Blechnum spicant*, bevorzugt torfreiche Böden, Höhe 40 cm. Ein gefiederter Farn von nur 40 cm Höhe ist der Perlfarn, *Onoclea sensibilis*.

Rhododendron und Moorbeet

Bei einem Gang durch Baumschulen und Staudengärtnereien fallen einem Gartenneuling so manch schöne Dinge auf, die er unbedingt im eigenen Garten haben möchte. Zu diesen gehört in vielen Fällen mindestens ein Rhododendron. Man kennt ihn dem Namen nach und weiß, daß er wunderschön blüht. Werden dann die Pflegehinweise eingesehen, steht des öfteren zu lesen: »Liebt Feuchtigkeit und Halbschatten; ohne besondere Bodenansprüche«. Kein Wort davon, daß dieses nicht ganz billige Gehölz besondere Bodenverhältnisse braucht, will man es lange im Garten haben. So wird also ein Loch gegraben, und das teure Stück kommt in den Boden. Der Rhododendron blüht auch, und alle bewundern ihn. Spätestens nach 1–2 Jahren aber, wenn die in ihm gespeicherte Kraft verbraucht ist, fängt er an zu kränkeln. Er wird gelblich, manche Blätter sterben ab, und er denkt nicht mehr daran zu blühen. Vergilbungen (Chlorosen) sind entstanden, weil die Pflanze in Kalkboden gesetzt wurde. Durch den Kalk im Boden wurde das von der Pflanze benötigte Eisen gebunden. Rhododendren aber brauchen, wie alle Moorbeetpflanzen, sauren Boden, wenn sie gedeihen sollen. So werden also beim Ausheben einer Pflanzgrube am besten die Seitenwände mit einer Folie abgedeckt, damit kein Kalk zufließen kann. Dann wird mit einem Gemisch aus grobem Torf, Rhodohum und eventuell Nadelstreu oder Treber aufgefüllt. Die Mischung muß natürlich sehr feucht sein, damit den Wurzeln kein Wasser entzogen wird. Als Standort eignet sich eine halbschattige Stelle, denn Rhododendren lieben lichten Schatten, Luftfeuchtigkeit und Kühle. Damit die Pflanzung nicht zu eintönig wird,

Im Halbschatten und auf humosem Boden fühlen sich Azaleen, Schaumblüte und Farne wohl.

ist es gut, wenn noch andere dem Bereich entsprechende Pflanzen hinzukommen. Sehr schön passen dazu Etagenprimeln, die zu verschiedenen Zeiten blühen. Auch Farne machen sich gut dazwischen. Wer schon ein volles Regenfaß hat, kann das weiche Wasser für dieses Moorbeet bestens verwenden.

Eine Steppenpflanzung

Sicher hat mancher von Ihnen im Garten eine besonders trockene und vollsonnige Ecke, die er gerne hübsch bepflanzt hätte. Das wäre genau das richtige für eine kleine Steppenpflanzung. Es sollte ein nahrhafter Boden sein, der mit Geröll und Sand durchsetzt ist, damit keine stauende Nässe entstehen kann. Es werden Pflanzenarten und Gräser ausgewählt, die auch auf ihrem natürlichen Standort Sonne und Trockenheit bevorzugen.
Im Frühjahr beginnt die Blüte wieder mit den Wildformen von Zwiebelpflanzen, die sich mit ihrem bescheidenen Wuchs und den dezenten Farben gut in das Beet einfügen.

Volle Sonne wollen Steppenpflanzen.

Der Blütenreigen geht weiter ab April mit folgenden Stauden:

- Adonisröschen, *Adonis vernalis*, große goldgelbe Blüten, Höhe 20–25 cm, Blüte April.
- Küchenschelle, *Pulsatilla vulgaris*, violette Blütenglocken im April/Mai, Höhe 20 cm.
- Küchenschelle, *P. vulgaris* var. *caucasica*, sehr seltene Form, mit hellgelben Glocken, Höhe 15 cm.
- Zwergiris, *Iris barbatanana*, Blüte im Mai–Juni, Höhe 15–30 cm.
- Vogelfuß-Segge, *Carex ornithopoda* 'Variegata', nur 15 cm hoch.
- Lichtnelke, *Lychnis viscaria* 'Plena', üppige Blütenpracht im Mai/Juni, Höhe 40 cm.
- Pfingstrose, *Paeonia tenuifolia,* mit feinzerschlitztem Laub und einfachen, purpurroten Blütenschalen, Blütezeit Mai/Juni, Höhe 50 cm.
- Bergkamille, *Anthemis biebersteiniana*, silbergraue Staude mit feinem Laub und goldgelben Blüten im Mai/Juni, Höhe 20 cm.
- Ehrenpreis, *Veronica spicata*, blaue Kerzen im Juni/Juli, Höhe 50 cm.
- Steppenkerze, *Eremurus bungei,* mit langen, aufrechten Blütenschäften im Juni/Juli, Höhe 1 m, reingelb.
- Strohblume, *Helichrysum milfordiae* 'Schwefellicht', mit wollig behaarten Blättern und gelben Blütendolden, Blütezeit Juni/Juli, Höhe 20 cm.
- Wüstengoldaster, *Eriophyllum lanatum*, mit graugrünen Blättern und goldgelben Blüten im Juni/August, Höhe 30 cm.
- Spornblume, *Centranthus ruber* 'Coccineus', mit karminroten Blütenrispen von Juni–September, Höhe 60 cm.
- Fackellilie, *Kniphofia* × *hybrida*, mit orange-gelben Blütenkolben von Juli–September, Höhe 1 m.
- Schafgarbe, *Achillea* × *taygetea*, mit silbrigweißen Blättern und schwefelgelben Dolden im Juli–August, Höhe 40 cm.
- Edeldistel, *Eryngium bourgatii,*

silberblaue Blütenköpfe im Juli–August, Höhe 40 cm.

- Habichtskraut, *Hieracium rubrum*, mit leuchtend orangeroten Blüten von Juni–August, Höhe 20 cm.
- Lichtnelke, *Lychnis arkwrightii* 'Vesuvius', wie schon an anderer Stelle beschrieben.

Als Kleingehölz paßt Lavendel, *Lavandula angustifolia*, in die Pflanzung mit blauen Blüten von Juli bis August. Er wird nach der Blüte zurückgeschnitten, damit die Wuchsform klein und gedrungen bleibt. Sonnenröschen, *Helianthemum alpestre*, ist ein Halbstrauch von 5–10 cm Höhe, mit gelben Blüten im Juni–August. Der Orientalische Waldmeister, *Asperula orientalis*, hellblau, Blüte Juni/Juli, Höhe 20 bis 25 cm, ist nur einjährig!
Zwischen den Blütenstauden kann man noch einige Blauschwingel zur Auflockerung einstreuen.
Für den Rand des Beetes ist Thymian gut geeignet, der sich zu hübschen kleinen Polstern auswächst. Die Fetthenne, *Sedum floriferum* 'Weihenstephaner Gold', die im Juli/August blüht und nur 20 cm hoch ist, eignet sich auch als Bodendecker in dieser Pflanzung.

Anzucht von Zierpflanzen

Es wäre mit der Zeit ein teures Hobby geworden, hätte ich die vielen Pflanzen in der Gärtnerei geholt.

Adonisröschen, reizende Frühlingsblüher.

Edeldistel *(Eryngium)*

Ich habe deshalb Samen besorgt und ziehe seit Jahren die Sommerblumen und zum Teil auch Stauden – vor allem Wildstauden – selbst heran. Das hat den Vorteil, daß ich auch weniger bekannte Arten habe, die es nur selten gibt. Außerdem sind immer so reichlich Pflanzen vorhanden, daß alle Lücken im Garten geschlossen werden können.

Die Samen mancher Arten werden im April/Mai an Ort und Stelle ausgesät, dazu gehören:

- Goldmohn, *Eschscholtzia californica*, Höhe 30–40 cm, meist goldgelb.
- Ringelblume, *Calendula officinalis*, Höhe 50 cm, Farbe von hellgelb bis orange.
- Schleifenblume, *Iberis amara* und *I. umbellata*, Höhe etwa 30 cm, Farbe weiß bzw. lila.
- Schmuckkörbchen, *Cosmos bipinnatus*, Höhe 80–120 cm, Farbe weiß, rosa, Rottöne.
- Weißes Steinkraut, *Lobularia maritima*, Höhe von 8–25 cm, je nach Sorte.

Vorkultur brauchen u. a. folgende Arten:

- Strohblume, *Helichrysum monstrosum*, Höhe ca. 30–40 cm, Farbe gelb, orange, rosa, rot; gut für Trockensträuße geeignet.
- Ruhrkraut, *Lonas annua*, Höhe ca. 40 cm, gelbe Blütendolden; eignet sich ebenfalls sehr gut zum Trocknen.
- Leberbalsam, *Ageratum houstonianum*, Höhe je nach Sorte 15–60 cm, blau.
- Mittagsgold, *Gazania*-Hybriden, Höhe 20–30 cm, in verschiedenen Farbtönen von gelb, rot, violett, orange.
- Eisenkraut, *Verbena hybrida*, Höhe 20–40 cm, in allen Farben.
- Zinie, *Zinnia elegans*, Höhe 40–90 cm, je nach Sorte; in verschiedenen Farben und Formen.
- Löwenmaul, *Antirrhinum majus*, Höhe 20–80 cm, je nach Sorte.

Natürlich gibt es noch eine ganze Reihe anderer Arten, die hier nicht genannt wurden.

Bei meinen ersten Anzuchtversuchen, die ich mangels Treibhaus in der Wohnung vornahm, scheiterte ich kläglich an der Qualität der Anzuchterde. Ich holte in einem Fachgeschäft ein Torfsubstrat und kleine Styroporbehälter und säte aus. In allen Behältern kamen schließlich die kleinen Keimlinge aus der Erde und gediehen auch. Eines Tages aber fielen die ersten Pflänzchen um. Sie hatten einen braunen, eingeschnürten Stengelhals. Wie ich später erfuhr, war dies auf die sogenannte Schwarzbeinigkeit zurückzuführen, einen Schadpilz, der in der Erde steckt. In einer anderen Schale wurden die Stengelhälse nicht braun, die Pflanzen aber fielen trotzdem um. Bei näherem Hinsehen entdeckte man ein Glitzern auf der Erdoberfläche, das bei Berührung ver-

Studentenblumen, Salbei, Vanilleblumen und Begonien im Sommerblumenbeet.

schwand. Ich mußte feststellen, daß die Erde voll war von lauter kleinen, weißlichen Würmchen, und wurde belehrt, daß dies die Larven der winzigen Trauermücke sind, die den Wurzeln den Garaus gemacht hatten.
Not macht bekanntlich erfinderisch. Um die Schädlinge in der Erde auszuschalten, mußte gedämpft werden. Ich kaufte mir einen großen Emailletopf, in den ich ein ca. 10 cm hohes Drahtgestell stellte. Bis zu dieser Höhe wird Wasser aufgefüllt. Darauf kommt ein Einsatz mit der Torferde, die bis oben zum Deckel reicht. Der geschlossene Topf wird etwa 15 Minuten lang auf den Herd gestellt. Durch die Hitze und den Dampf wird die Erde sterilisiert. In einem sauberen Eimer lasse ich das Substrat abkühlen und säe dann aus. Die Anzuchtkästen stehen vorerst auf den verschiedenen Fensterbänken unserer Wohnung, bis die Pflänzchen pikiert werden. Danach kommen sie auf den Balkon, von wo sie nur an sehr kalten Tagen oder Nächten hereingeholt werden. Nach den Eisheiligen wird der ganze Zauber in den Garten gesetzt. Die üppige Blütenfülle, die daraus entsteht, entschädigt schließlich für alle Mühe.

Obstgarten

Welcher Gartenfreund freut sich nicht darauf, eigenes Obst ernten zu können, frisch vom Baum, ausgereift und unter selbstgewählten Bedingungen? So wird also von der Familie einstimmig beschlossen, daß Obstbäume und Beerensträucher unbedingt vorgesehen werden müssen.
Bei der Planung kann man auf eine Massenpflanzung verzichten und nur so viele Bäume vorsehen, wie für eine Versorgung der Familie mit Frischobst nötig sind. Später müßte sonst doch der eine oder andere Baum entfernt werden, weil der Platz zu eng wird.
Vor dem Pflanzen der Bäume ist eine gründliche Bodenvorbereitung vorzunehmen mit Kompost und eventuell Torf.
Bei schweren Böden sollte auch noch scharfer Sand und Styromull mit eingearbeitet werden, damit der Boden locker und tiefgründig wird. Auch muß darauf geachtet werden, daß die Veredlungsstelle über dem Boden bleibt. Der Baum macht sich sonst »frei« und wächst zügig wie ein Hochstamm.
Beste Pflanzzeit im Herbst bei Blattfall bis Frosteintritt. Im Frühjahr, sobald der Boden offen ist, bis einschließlich April. Unter Spindelbüschen darf man nur flach lockern, da sonst Wurzeln beschädigt werden.
Mulchen mit Grasschnitt, Mist oder Kompost hat sich bewährt. Der Boden bleibt dann auch bei starken Regenfällen krümelig und feucht.
Wer vom richtigen Baumschnitt keine Ahnung hat, kann sich an Kleingarten-Fachberater wenden oder auch selbst solche Schnittkurse besuchen. Fragen Sie einfach bei Ihrem zuständigen Kleingartenverband nach, wo solche Schnittkurse stattfinden.

Die Sortenfrage

Bei der Wahl von Obstsorten sollten klimatische Bedingungen und die Bodenverhältnisse berücksichtigt werden. Bei ungünstigen Bedingungen sind die Bäume anfälliger gegen Pilzkrankheiten und Schädlinge.
Unter den Hobbygärtnern gibt es viele, denen es großen Spaß macht, Obstbäume umzuveredeln, um auf einem Baum verschiedene Sorten zu haben. Wer die einzelnen Veredlungsarten erlernen möchte, kann sich an einen Fachberater wenden oder an Veredlungskursen teilnehmen, die in den Gartenanlagen durchgeführt werden. Wenn in Ihrer Nähe keine Altanlage ist, in der solche Kurse stattfinden, fragen Sie ganz einfach bei Ihrem zuständigen Kleingartenverband nach, wohin Sie sich wenden können.

Süßkirsche 'Hedelfinger' als Hausbaum und Schattenspender. Die Nachbarsgrenze ist weit genug entfernt, so daß der spätere Kronendurchmesser nicht stört.

Spindelbüsche kommen früh in den Ertrag.

Baum- und Pflanzformen

Für Kleingärten sind Spindelbüsche die ideale Baumform. Sie bleiben klein, weshalb Pflegearbeiten und Ernte viel leichter durchzuführen sind als bei großen Bäumen. Der Ertrag setzt meist sehr früh ein. Spindelbüsche sind Bäumchen, bei denen die Fruchtsorte auf eine schwach wachsende Unterlage aufveredelt wurde.

Alle Spindelbüsche brauchen wegen ihres sehr flachen Wurzelwerks zeitlebens einen Pfahl oder eine Stütze in Form von Spaliergerüsten. Die im Ertrag stehenden Bäume werden sonst leicht von starkem Wind ganz oder teilweise entwurzelt.

Aus mehreren Gründen sollten diese Bäumchen nicht im Gemüseteil gepflanzt werden. Gemüse braucht volle Sonne, Bäume würden den Gemüsepflanzen Wasser und Nahrung entziehen, bei der Bodenbearbeitung im Gemüsegarten zerstört man die feinen Faserwurzeln der flachwurzelnden Obstbäume, die dann in ihrem Wachstum zurückbleiben oder sogar ganz kaputtgehen. Und wenn eine Pflanzenschutzmaßnahme vorgenommen werden muß, kommt eine unerwünschte Abdrift des Mittels auf das Gemüse.

Gerne werden Spindelbüsche als Sicht- und Windschutz an der Nachbarsgrenze oder entlang des Weges verwendet. Bei diesen kleinen Baumformen reicht ein Abstand von 2,50 m von Baum zu Baum. Die Höhe kann durch Schnitt begrenzt werden. Wie weit die Bäume von der Grenze entfernt sein müssen, richtet sich nach den in den jeweiligen Bundesländern gültigen Bestimmungen zum Nachbarschaftsrecht. Eine Faustregel aber dürfte wohl im ganzen Bundesgebiet Gültigkeit haben: Der halbe später zu erwartende Kronendurchmesser ist der Abstand zum Nachbarsgarten. Das wären bei Spindelbüschen ungefähr 1,25–1,50 m. Statt einer Reihe einzelstehender Bäume kann man auch eine Obsthecke pflanzen. Der Abstand von Baum zu Baum beträgt 2,50 m. Dabei wird weniger Platz gebraucht, weil die Bäume keine Rundkrone haben und nur nach der Seite gezogen werden. Bei Einzelpflanzung von Spindelbäumen wird nach der gründlichen Bodenvorbereitung ein imprägnierter Pfahl von etwa 2,20–2,50 m Länge und einem Durchmesser von 7–8 cm ca. 50 cm tief in den Boden geschlagen, an dem das Bäumchen immer angebunden sein muß. Wichtig ist noch, daß der Boden unter Spindelbüschen offen bleibt; bei einer Pflanzung in den Rasen ist also eine Baumscheibe erforderlich. Für eine Obsthecke braucht man ein Spaliergerüst. Mindestens alle 5 m wird ein verzinktes Eisenrohr einbetoniert. Das hat gegenüber Holzpfählen den Vorteil, daß es dauerhaft ist und nie ausgewechselt werden muß. An den Enden entfällt eine zusätzliche Verspannung, weil das Gerüst fest sitzt. Werden die Rohre noch mit einer braunen oder grünen Plastikfarbe gestrichen, passen sie sich dem Garten besser an. Das Spaliergerüst soll nicht höher als 2 m sein. Der erste verzinkte

An der schützenden Wand der Laube fühlt sich dieses Birnenspalier sichtlich wohl.

Eisendraht wird 50 cm über dem Boden gespannt. Im Abstand von jeweils 50 cm folgen die anderen Drähte.
Ganz anders sieht es aus bei stärker wachsenden Baumformen wie Buschbaum, Halb- und Hochstamm. Solche Bäume erreichen zum Teil eine beträchtliche Ausdehnung ihrer Krone. Man verwendet sie deshalb im Kleingarten nur als Solitärbaum. Damit Sie sich als Laie in etwa ein Bild machen können, mit welchen Kronendurchmessern zu rechnen ist und welche Pflanzabstände zum Nachbarn eingehalten werden sollten, hier ein paar Anhaltspunkte dazu:

Apfel
Hoch- und Halbstamm 8–10 m
Buschbaum 4–5 m
Spindelbusch 2,50 m

Birne
Hoch- und Halbstamm 6–8 m
Buschbaum 4–5 m
Spindelbusch 2,50 m

Pflaume, Zwetsche, Reneklode, Mirabelle
Halb- und Hochstamm 5–6 m

Süßkirsche
Hoch- und Halbstamm 8–10 m

Sauerkirsche
Buschbaum 4–5 m

Pfirsich
Buschbaum 4–5 m

Bei der Planung muß natürlich auch die entsprechende Höhe solcher Gehölze berücksichtigt werden. Süßkirschen werden von verschiedenen Stadtbauämtern entweder gar nicht gestattet oder nur als Einzelexemplar, das entsprechend weit von der Gartengrenze entfernt sein muß. So gesehen wäre eine Süßkirsche nur als Solitärbaum an der Terrasse geeignet.

Die Baumobst-Arten

Apfel
Der Boden soll tiefgründig sein und nicht zu trocken, also gut mit Humus und Nährstoffen versorgt. Kalte und nasse Böden müssen mit Kompost, scharfem Sand oder Styromull verbessert werden. Der Apfelbaum eignet sich nicht als Spalier an der Wand, weil es dort zu warm für ihn wäre.
Die Typenunterlagen heißen z. B. M 9, M 26 oder M 7. Die Type M 9 ist sehr schwach wachsend, beginnt aber schon früh mit dem Ertrag. M 26 wächst schon etwas stärker, und M 7 ist bereits mittelstark wachsend. Die beiden letzten Typenunterlagen werden bei etwas ungünstigeren Bodenverhältnissen bevorzugt.

Empfehlenswerte Sorten:
'Stark Earliest', Pflück- und Genußreife Mitte Juli–Anfang August.
'James Grieve', Pflückreife Anfang

bis Mitte September, Genußreife September/Oktober.
'Goldparmäne', Pflückreife Anfang Oktober, Genußreife Oktober–Dezember.
'Jonagold', Pflückreife Ende September bis Mitte Oktober, Genußreife Oktober bis März.
'Freiherr von Berlepsch', Pflückreife Ende Oktober, Genußreife November–März.
'Roter Boskoop', Pflückreife Mitte Oktober, Genußreife Ende Dezember/Ende März.
'Ontario', Pflückreife Ende Oktober, Genußreife Januar/Mai.

Birne

Die Birne braucht mehr Wärme als der Apfel. Birn-Spindelbüsche sind auf Quitte veredelt und haben ein flaches Wurzelwerk. Die auf Sämlingsunterlagen veredelten Hoch- und Halbstämme brauchen tiefgründigen Boden. Ungünstig sind nasse, verdichtete Böden. Leichter, sandiger Lehmboden sagt der Birne zu. Auf stark kalkhaltigem Boden und nach längerem Regen tritt oft Chlorose auf; die Blätter werden gelblich. In kalten Wintern reagieren auf Quitte veredelte Bäume empfindlich. Eine Winterabdeckung mit Stroh oder Mist unter solchen Bäumchen ist empfehlenswert.

Empfehlenswerte Sorten:
'Williams Christbirne', Pflückreife Mitte August, Genußreife Ende August, Anfang September.

Ertragreiche Birnensorte 'Gute Luise'.

'Gute Luise', Pflückreife Anfang bis Mitte September, Genußreife Ende September.
'Tongern', Pflückreife Ende September, Genußreife Oktober.
'Alexander Lukas', Pflückreife Mitte Oktober, Genußreife November/Dezember.

Süß- und Sauerkirschen

Wer Kirschen ernten will, muß rechtzeitig ein Vogelnetz darüberspannen, sonst bleibt für den Gar-

tenbesitzer außer Kirschkernen und Saftflecken auf dem Sitzplatz nichts mehr zu holen.
Die Süßkirsche benötigt einen sehr tiefgründigen, lockeren Boden. Auf schweren, nassen Böden stellen sich bald Krankheiten und Gummifluß ein. Die Sauerkirsche dagegen ist für Kleingärten besser geeignet, da sie wesentlich kleiner bleibt. Sie mag ebenfalls keine nassen, verdichteten Böden. Gut bewährt hat sich die 'Schattenmorelle', eine selbstfruchtbare, reichtragende Sorte. Sie wäre auch ein guter Hausbaum an der Laube, ist sie doch während der Blüte ein wirkliches Prachtstück. Die Sorte 'Morellenfeuer', selbstfruchtbar, gut im Geschmack, aber wesentlich kleiner als 'Schattenmorelle', ist ebenfalls zu empfehlen.

Pflaumen, Zwetschen, Mirabellen, Renekloden
Als Standort kommt jeder normale Gartenboden in Frage. Trockenheit wird schlecht vertragen. Schwachwüchsige Unterlagen gibt es nicht.

Empfehlenswerte Sorten:
'Wangenheims Frühzwetsche', Reife Mitte August bis Mitte September, Früchte rötlich blau, sehr süß.
'Große Grüne Reneklode', Reife Ende August–Mitte September, Frucht dunkelgrün, saftig.
'Hauszwetsche', Reife ab Mitte September, Frucht tiefblau.

Pfirsich
Pfirsichbäume sind sehr wärmebedürftig. Deshalb sollten Sie bevorzugt in klimatisch günstigeren Gegenden angebaut werden; zumindest ein warmer und sonniger Platz im Garten ist unumgänglich.
Der Boden soll locker und warm sein und genügend Feuchtigkeit besitzen. Ungeeignet sind nasse, kalte Böden, Zuviel Kalk im Boden führt zu Chlorose.

Empfehlenswerte Sorten:
'Roter Ellerstädter', auch 'Kernechter vom Vorgebirge' genannt, Frucht mittelgroß, aromatisch, Reife im September.

Beerenobst

Strauchbeerenobst wird am besten im Spätherbst gepflanzt, da der Blütenaustrieb sehr zeitig erfolgt. Bei der späteren Bodenbearbeitung braucht man nur flach zu lockern und mulchen wie bei Spindelbüschen.

Pflanzabstände:
Schwarze Johannisbeeren 2 m
Josta-Beeren 2,50–3 m
Rote Johannisbeeren starkwüchsig 1,80 m, schwachwüchsig 1,50 m
Stachelbeeren 1,50 m, Hochstamm 1,20 m
Himbeeren 0,40 m

Diese Pflanzabstände scheinen im Moment der Pflanzung zu groß zu sein, aber wenn die Sträucher richtig entwickelt sind, wird der Platz voll benötigt.

Rote-Johannisbeer-Sorten:
'Rondom', starkwüchsig
'Rote Vierländer', starkwüchsig
'Red Lake', schwachwüchsig
'Heros', schwachwüchsig
'Traubenwunder', schwachwüchsig
'Heinemanns Rote Spätlese', reift sehr spät, starkwüchsig

Schwarze-Johannisbeer-Sorten:
'Rosenthals Langstraubige Schwarze'; 'Wellington XXX' und 'Silvergieters'.
Die Josta-Beere ist eine Kreuzung zwischen Schwarzer Johannisbeere und Stachelbeere, sehr stark wachsend; die Beeren sind wesentlich größer als bei der Schwarzen Johannisbeere.

Stachelbeer-Sorten:
'Hönings Früheste', gelbfrüchtig, früh, sehr gut
'Rote Triumph', robust, ertragreich, spät
'Grüne Kugel', mittelfrüh, ertragreich.

Noch kurz ein paar Anmerkungen zu den Beeren-Hochstämmchen: Sie sehen im Garten zwar viel dekorativer aus als Sträucher, brauchen aber unbedingt eine gute Stütze. Am besten bewährt haben sich 3 Pfähle, die oben mit Dachlatten verbunden werden. Die Krone liegt dort auf und kann nicht brechen.

Platzsparende Stachelbeer-Hochstämmchen mit Rhabarber-Unterpflanzung.

Johannisbeeren, Sorte 'Traubenwunder'.

Stachelbeeren 'Hönings Früheste'.

Die Lebensdauer solcher Stämmchen ist im übrigen kürzer als die der Sträucher.
Auch Himbeeren werden in viele Gärten geholt. Man muß dabei aber berücksichtigen, daß sie viele Ausläufer entwickeln und daher lästig werden können. Darum eignen sie sich nur an Stellen, wo sie weder den Besitzer noch den Nachbarn stören. Sie brauchen ein Spaliergerüst, damit die Ruten hochwachsen können und nicht in der Gegend herumhängen. Mulchen mit Grasschnitt ist sehr zu empfehlen.

Himbeer-Sorten:
'Schönemann', starkwachsend; 'Zewa I' und 'Zewa II'.
Himbeeren wollen einen bedeckten Boden. Eine Mulchschicht aus Rasenschnitt oder Kompost läßt die Ruten nicht nur optimal wachsen, es ist zugleich eine Vorbeugungsmaßnahme gegen die Himbeer-Rutenkrankheit.

Möchte ein Gartenfreund Brombeeren setzen, muß er ebenso wie bei Himbeeren ein Spaliergerüst erstellen. Es genügt, wenn etwa 6 im Ertrag stehende Ranken hochgezogen werden, dazu 6 der kräftigsten Jungtriebe für das darauffolgende Jahr. Im Sommer werden die in den Blattachseln entstehenden Geiztriebe bis auf 1 Blatt zurückgeschnitten. Im Frühjahr werden die abgetragenen Ruten des Vorjahres entfernt und neue Triebe gezogen.

Brombeer-Sorten:
'Theodor Reimers' mit sehr langen Trieben sowie die dornenlose Sorte 'Blacki'. Brombeeren zwischen andere Kulturen oder an die Nachbarsgrenze zu setzen ist auf keinen Fall empfehlenswert, da die kräftigen Wurzeln wandern und an allen

Einjährige Erdbeerkultur. Das Stroh schützt die Früchte vor Nässe.

möglichen Stellen stachelbewehrte Jungtriebe an die Oberfläche kommen, die man kaum mehr los wird.

Sehr im Kommen ist die Gartenheidelbeere. Der Ertrag ist gut, wenn bestimmte Kulturvoraussetzungen erfüllt werden. Die Pflanzen reagieren ganz empfindlich auf Kalk. Sie brauchen einen sehr sauren Boden mit einem pH-Wert von 3,5–4,5. Wo nicht von Natur aus Hochmoor- oder Heideböden vorhanden sind, muß pro Pflanze eine Grube von etwa 1 m^2 ausgehoben und mit Torf aufgefüllt werden. Im Gegensatz zu Waldheidelbeeren möchten Kulturheidelbeeren volle Sonne. Zur besseren Befruchtung sollten mindestens 2 Sorten gepflanzt werden.

Heidelbeer-Sorten:
'Blue Crop', 'Berkeley' und 'Coville'.

Erdbeeren
Ein Erdbeerbeet findet auch im kleinen Garten einen Platz. Gepflanzt wird Ende Juli–Anfang August, damit sich die Pflanzen für die nächste Ernte gut entwickeln können. Wie bei Kirschen ist auch hier ein Vogelnetz angebracht, denn kaum werden die ersten Beeren hellrot, sind die Amseln ständiger Gast auf dem Beet. Erdbeeren werden häufig von Grauschimmel befallen. Zur Vorbeugung sollte eine nur ein- oder zweijährige Kultur angestrebt werden. Die Pflanzen stehen dann nicht so dicht, und die Blätter können nach einem Regen schnell abtrocknen. Deshalb soll man Erdbeeren auch nicht mit dem Schlauch oder Regner von oben gießen. 2–3 Wochen vor der Ernte kann man zusätzlich Holzwolle unter die Früchte legen, damit diese trocken bleiben.
Monatserdbeeren sind unermüdliche Träger das ganze Jahr über. Sie haben ein köstliches Aroma und sind sowohl zum Frischgenuß als auch für Kuchen oder als Einlage für den Rum-Topf geeignet. Eine bewährte Sorte ist 'Rügen'.

Gemüsegarten

Bei der Erstellung eines Gartenplanes wird wohl jeder auch eine Fläche für Gemüseanbau berücksichtigen. Die Größe des Gemüsegartens hängt vom Bedarf einer Familie ab. Günstig ist es, wenn die Beete nicht über den ganzen Garten verteilt, sondern in einem Block zusammengefaßt sind. So läßt sich die Bodenbearbeitung und Pflege zeitsparender durchführen. Bei der Planung der Beete ist außerdem daran zu denken, daß Gemüsekulturen viel Sonne brauchen, wenn sie maximale Erträge bringen sollen. Die optimale Breite der Beete beträgt etwa 1,10 m.

Lattenroste zwischen den Beeten
Im Gemüsegarten hat man fast immer etwas zu tun. Sei es, um aufzulockern, zu pflanzen, zu ernten oder um Schnecken aufzusammeln. Aus diesem Grunde ist es zweckmäßig, wenn zwischen den Beeten Holzroste liegen. Holz ist ein natürlicher Baustoff, der immer in einen Garten paßt, sei es als Rankgerüst oder als Laufrost im Gemüsegarten.
Es ist keine große Arbeit, solche Roste selbst zu zimmern. Vielleicht sind vom Bau des Kompostbehälters noch Dachlatten übrig geblieben? Immer 3 solcher Latten werden im Abstand von 2,5 cm nebeneinander gelegt und mit kurzen Querlatten miteinander verbunden, so daß eine Lauffläche von etwa 20 cm Breite entsteht. Im Herbst werden die Roste aus dem Gemüsegarten genommen, gesäubert und bis zum Frühjahr an einer trokkenen Stelle luftig gelagert. Auch ein Kompostplatz wäre beim Gemüsegarten gut plaziert. Er soll gut zugänglich sein, um die Arbeit zu erleichtern.

Bodenbearbeitung

Wie bereits bei der Anlage des Gartens erwähnt, soll bei der Bodenbearbeitung die Erde nicht durchgesiebt werden, da sonst nach jedem stärkeren Niederschlag der Boden verschlämmt und verkrustet. Obenauf liegende Steine können abgerecht werden.
Vor allem bei neueren und schweren Böden wird im Herbst der gesamte Gemüsegarten einschließlich der Wege mit dem Spaten grobschollig umgegraben. Dabei können ohne weiteres Ernterückstände (keine Kohlstrünke), auch kleingeschnittene Pflanzenteile aus dem übrigen Garten mit untergegraben werden, die den Winter über weitgehend verrotten. Das verbessert den Humusgehalt des Bodens. Wurde im Spätsommer noch Gründünger gesät, wird auch dieser mit umgegraben. Während Frostperioden entsteht eine Bodengare, d.h. die Struktur des im Herbst umgegrabenen und nun durchgefrorenen Bodens ist feinkrümelig geworden, und wir haben im Frühjahr einen lockeren, gut durchlüfteten Boden.

Mischkultur mit Zwiebeln und Möhren.

Bei Beeten, die schon länger in Kultur und dadurch gut mit Humus versorgt sind, ist nach neueren Erkenntnissen ein grobscholliges Umgraben im Herbst nicht nötig, ja nicht einmal zweckmäßig. Auf solchen lockeren Böden wird mit der Grabgabel in geringen Abständen eingestochen und diese hin und her bewegt. In die dadurch entstehenden Spalten kann der Frost eindringen. Bei dieser Methode bleibt die oberste, lebendige und besonders fruchtbare Schicht oben und wird nicht, wie beim Umgraben, mit dem Spaten nach unten gebracht. Die erste Bearbeitung des Bodens erfolgt im Frühjahr, wenn die Oberfläche abzutrocknen beginnt. Es genügt, diese feinkrümelige Erde mit einem Krail oder dem Kultivator durchzuziehen und anschließend abzurechen. Eine tiefe Bodenbearbeitung ist zu diesem Zeitpunkt zu vermeiden.

Im Sommer sollen die Beete immer wieder oberflächlich durchgelockert werden, vor allem nach Regen. Das bringt Luft in den Boden und erhält die Feuchtigkeit. Bei schweren Böden kann sich dadurch die Oberfläche nicht verhärten.

Einteilung der Beete

Bei der Einteilung der einzelnen Beete muß berücksichtigt werden, daß die Kulturen von Jahr zu Jahr wechseln sollen. Besonders Gemüse mit einer langen Wachstumszeit, wie Sellerie, Möhren, Erbsen und Kohlarten, sollten frühesten nach 3 Jahren wieder auf das gleiche Beet gepflanzt werden. Es ist nachgewiesen, daß Gemüsekulturen, die einige Jahre am gleichen Platz stehen, weniger Erträge bringen. Eine Ausnahme bilden allerdings Tomaten.
Um das ganze Jahr über frisches Gemüse zu haben, sehen wir zu, daß die Bodenfläche intensiv genutzt wird. Man führt deshalb Fruchtwechsel (s. Tabelle) durch, d.h., auf den einzelnen Beeten wird je eine Vorkultur, Hauptkultur und Nachkultur gesetzt. Die in den verschiedenen Bodentiefen eingelagerten Nährstoffe werden dabei maximal ausgenützt und der Boden bleibt dadurch immer bedeckt. So kann eine Auswaschung von Nährstoffen in tiefere Schichten verhindert werden, und die krümelige Bodenstruktur bleibt erhalten.

Auf abgeernteten Beeten werden Haupt- und Nachkulturen ausgebracht.

Fruchtwechsel

Vorkultur	Hauptkultur	Nachkultur
Kopfsalat, Feldsalat, Rettich, Radieschen	Tomaten	–
Kopfsalat, Spinat, Kohlrabi	Buschbohnen	Spinat, Endivien, Feldsalat
Zwiebeln	Zichorie 'Zuckerhut', Kopfsalat	–
Frühmöhren, Kohlrabi, Salat, Radieschen	Rosenkohl, Chinakohl	Gründüngung
Frühkohlarten, Brokkoli, Blumenkohl	Knollenfenchel, Eissalat	–
Frühjahrsspinat, Salat	Sellerie, Porree	Feldsalat
Erbsen	Erdbeeren	–
Erdbeeren	Chinakohl, Endivien	–
Feldsalat	Kopfsalat, Schnittsalat (Frühsorten)	Bohnen, Tomaten, Gurken, Rettich
Salat, Kohlrabi, Radieschen	Spätmöhren, Porree	–
Spinat, Salat, Frührettich	Gurken, Bohnen	Chinakohl, Rettich
Bohnen, Kohlrabi, Frühmöhren	Eissalat, Endivien, Feldsalat	–
Schnittsalat, Radieschen, Spinat	Kürbis, Zucchini	–
Spinat, Feldsalat, Radieschen	Kohlarten	Gründüngung

Bei Mischkulturen bleibt der Boden ebenso gut abgedeckt. Zusätzlich soll mit dieser Methode noch Schutz gegen einige Schadinsekten gewährleistet sein, die auf bestimmte Gemüsearten spezialisiert sind und denen bestimmte Nachbar-Kulturen ganz und gar nicht schmecken; das ist allerdings noch nicht 100%ig nachgewiesen.
Bei der Mischkultur werden Pflanzen auf ein Beet gebracht, die unterschiedlich lange brauchen, bis geerntet werden kann. Bis z. B. Frühkohl-Arten ihren Platz voll beanspruchen, sind die dazwischengepflanzten Kopfsalate oder der Spinat oder auch die Radieschen

Mischkulturen mit verschiedenen Gemüsearten und Salat.

längst abzuernten. Auch eine Kombination von Möhren mit Zwiebeln oder Lauch hat sich bewährt.
Wichtig ist, daß jede Gemüsepflanze ausreichend Platz hat, um sich voll entwickeln zu können. Stehen sie zu eng, werden daraus Kümmerlinge, die auch noch krankheitsanfällig sind.
Bei der Vorkultur bringt die Abdekkung mit Folie oder Vlies eine Ernteverfrühung um mindestens 14 Tage (siehe S. 89). Die Hauptkultur kann dann selbst bei ungünstiger Witterung rechtzeitig auf das Beet gebracht werden. In der Tabelle finden Sie einige Beispiele für Fruchtwechsel.
Zur Düngung von Gemüse ist noch zu sagen, daß nicht nach dem Prinzip »viel hilft viel« gehandelt werden sollte. Der Nährstoffbedarf der einzelnen Gemüsearten ist sehr unterschiedlich. Ein Zuviel an Dünger läßt mastige Pflanzen entstehen, die gegen Witterungseinflüsse und Krankheiten sehr anfällig sind. Das oberste Gebot bei der Düngung ist, daß nicht der gesamte Dünger auf einmal gegeben wird, sondern in einer Grunddüngung und ein oder zwei Nachdüngungen (Kopfdüngung) verabreicht werden.
Auch die Bewässerung der Beete darf nicht vernachlässigt werden. Verschiedene Gemüsearten haben

einen besonders hohen Wasserbedarf. Dazu zählen alle Kohlarten, Gurken, Sellerie sowie Rhabarber. Etwas trockener lieben es Möhren, Zwiebeln und Erbsen.

Ernteverfrühung

Vor Jahren schon sind Erwerbsgärtner dazu übergegangen, Kunststoff-Folien zu verwenden, um eine Verfrühung der Gemüseernte zu erzielen. Inzwischen hat dieses Verfahren längst Einzug in kleinere Gärten gehalten. Durch ständige Verbesserungen und Neuerungen der Industrie gibt es jetzt eine Reihe von Möglichkeiten für den Hobbygärtner. Die Vorteile bei der Verwendung von Folien sind höhere Temperaturen von Boden und Luftraum, Windschutz und Erhaltung der Bodenfeuchtigkeit. Das so hergestellte Kleinklima fördert die Entwicklung der Jungpflanzen und führt zur Ernteverfrühung.
Zum Aufstellen eines Folientunnels verwendet man am besten verzinkte Eisendrähte in der Stärke von 5 mm, die auf eine Länge von 1,50 m abgeschnitten werden. Man formt daraus Bögen und steckt diese im Abstand von etwa einem halben Meter in die Erde. Man kann auch aus Dachlatten einen Rahmen vorfertigen, der mit kleinen Löchern versehen wird. In diese Löcher werden dann die Eisendrähte gesteckt. Das hat den Vorteil, daß der Tunnel später an eine andere Stelle gebracht werden kann, ohne daß vorher alles wieder zerlegt werden muß.
Über diese Bögen wird eine Folie gespannt, die mit Wäscheklammern festgehalten wird. An den Enden wird die Folie so verankert, daß der Wind sie nicht wegblasen kann. Wer sich diese Arbeit ersparen will, kann sich auch einen fertigen Tunnel in Fachgeschäften oder Gartencentern kaufen. Es gibt sie dort in der Preislage zwischen 20 und 40 DM, je nach Ausführung und Größe.
Unter Folientunnels können praktisch alle Gemüsearten kultiviert werden. Nach dem Setzen der Pflanzen wird noch einmal gründlich gegossen und dann muß sofort ab-

Folientunnel zur Ernteverfrühung.

gedeckt werden. Ein weiteres Bewässern erübrigt sich vorerst, weil die Feuchtigkeit unter der Folie weitgehend erhalten bleibt. Gelüftet braucht erst dann zu werden, wenn eine stärkere Erwärmung eintritt. Das Gemüse kann bis etwa 14 Tage vor der Ernte in dem Tunnel verbleiben. Das Abdecken der Gemüsekultur soll nur bei bedecktem Himmel erfolgen, da die Pflanzen zuerst noch etwas empfindlich sind gegen starke Sonneneinstrahlung und Wind. Da eine Kultur unter Folie eine wesentliche Ernteverfrühung bringt, sollte bei Salat rechtzeitig für Nachschub an Jungpflanzen gesorgt werden. Am besten ist es, wenn eine Anzucht in Multitopfplatten oder Jiffy-Pots vorgenommen wird, weil Jungpflanzen mit Topfballen zügiger loswachsen.

Eine andere Möglichkeit zur Verfrühung ergibt sich mit der wachsenden Folie. Sie hat Tausende kleiner Schlitze, die eine starke Dehnung ermöglichen. Auf diese Weise wird das Gemüse darunter in seinem Wachstum nicht gehemmt. Die Folie wird einfach auf die Kulturpflanzen locker gelegt und seitlich eingegraben oder unter die Trittroste gelegt, damit sie auch bei Wind liegen bleibt. Durch die vielen Öffnungen lüftet sich das Beet selbst. Beim Gießen oder auch bei Regen läuft das Wasser durch die Schlitze hindurch. Aber trotz der Durchlässigkeit der Schlitzfolie entsteht darunter das gewünschte Treibhausklima, das zur Ernteverfrühung wichtig ist. Eine andere Variante des Bedekkens ist die Verwendung von Vlies. Es besteht aus feinen, weißen Polyprophylenfäden und sieht aus wie ein unregelmäßiger, transparenter Schleier. Diese Unregelmäßigkeit bewirkt, daß Öffnungen entstehen, durch die eine hohe Durchlässigkeit für Licht, Luft und Wasser gewährleistet wird. Wie Untersuchungen ergeben haben, verhindert die Abdeckung mit Kunststoffvliesen den Befall durch Gemüsefliegen ganz oder teilweise. Möhren-, Rettich- und Zwiebelfliegen können nicht durch dieses Gewebe eindringen. Das Vlies sollte 2–3 Wochen vor der Ernte von den Kulturen abgenommen werden. Auch hier kann man also eine Ernteverfrühung durch die schützende Abdeckung erzielen. Sogar Kartoffeln können verfrüht werden, wenn sie so lange abgedeckt bleiben, bis die letzten Nachtfröste vorbei sind. Wie bei allen Abdeckungen darf das Vlies nicht bei Sonne und Wind abgenommen werden, will man eine Schädigung der Pflanzen vermeiden.

Sonderkonstruktionen für wärmebedürftige Arten

Einige unserer Gemüsearten sind besonders wärmebedürftig. Dazu gehören Gurken, Tomaten, Paprika und Auberginen. Um diesem Wärmebedürfnis entgegenzukommen,

Tomatenhaus mit offener Vorderseite als Regenschutz.

mulcht man mit schwarzer, lichtundurchlässiger Folie. Der Boden wird zuerst gelockert und erhält eine Vorratsdüngung. Dann wird die schwarze Folie auf das Beet ausgebreitet und an den Rändern eingegraben. In die Folie werden nun Kreuzschnitte geritzt, in die man die Pflanzen setzt.

Die Folie bleibt während der ganzen Vegetationszeit auf dem Beet. Der so abgedeckte Boden entwickelt eine gleichbleibende Wärme und Feuchtigkeit und läßt so die Pflanzen optimal gedeihen. Bei starker Trockenheit wird in die Schlitze gegossen, ansonsten genügt der Regen.

Obwohl Gurken erst nach den Eisheiligen ausgepflanzt werden, schadet es nicht, wenn vorübergehend noch eine zusätzliche Abdeckung mit Schlitzfolie oder Vlies erfolgt. Es hat sich gezeigt, daß die im Juni auftretende Schafskälte den Gurken doch noch ganz schön zusetzt.

Auch die Tomaten sind dankbar für eine Bodenbedeckung. Sie mögen es gerne fußwarm und wollen regelmäßig gegossen werden. Sie sind aber sehr empfindlich gegen »Regen« von oben; dann entsteht häufig Pilzbefall auf den Blättern (Kraut- und Braunfäule), die auch auf die Früchte übergreift. Um dem vorzubeugen, fertigt man ein kleines Tomatenhaus an.

Aus Dachlatten wird ein Gestell gefertigt, das oben schräg verläuft. Es wird mit einer starken, aber lichtdurchlässigen Folie überzogen, die etwa 40 cm über dem Boden endet.

Da Tomaten Selbstbefruchter sind, die nicht durch Insekten befruchtet werden, brauchen sie trockene Wärme und ausreichende Luftbewegung. Aus diesem Grund ist es vorteilhaft, wenn das Tomatenhaus auf einer Seite ganz offen bleibt.
Eine andere Konstruktionsmöglichkeit besteht mit Flacheisen, die oben in einem Bogen verlaufen. Das Gerüst wird ebenfalls mit einer Folie überzogen, so daß es aussieht wie ein Runddach. Bei kalter Witterung (Juni) kann die Folie herabgelassen werden. Sonst bleibt die Vorderseite den Sommer über offen.
Die in Fachgeschäften angebotenen Tomatenhauben haben sich in unserem Garten nicht bewährt. Es zeigte sich, daß diese fertigen Rundfolien die Tomatenpflanze sehr einengen. Unter der Haube hat sich Schwitzwasser gebildet, und so konnte sich die Krautfäule munter ausbreiten. Unter der Tomatenhaube aus Schlitzfolie bilden sich zwar keine so hohen Temperaturen, aber der Regen kann beinahe ungehindert an das Blattwerk gelangen, was ja vermieden werden sollte.
Die Tomaten brauchen auch eine gute Pflanzstütze, um ranken zu können. Ganz praktisch sind die Spiral-Pflanzstäbe. Sie werden einfach in den Boden gesteckt und die Pflanzen in die Windungen gelegt; so bleiben sie stehen, ohne angebunden zu sein.

Gurkenkultur auf Schlitzfolie.

Frühbeetkästen und Kleingewächshäuser

Wie wäre es mit einem Frühbeetkasten? Es spielt keine Rolle, ob die Seitenwände aus Beton oder aus Holz angefertigt sind. Letzteres muß aber vorher eine Imprägnierung erhalten. Als Abdeckung verwendet man einfache, verglaste Fensterrahmen, die bei Bedarf hochgestellt werden können. Der Kasten sollte immer in Ost-West-Richtung liegen, weil die Kulturen im vollen Licht stehen wollen.
Auf ein Problem für den Kleingärtner muß hingewiesen werden. Nicht jeder hat die Möglichkeit, täglich in seinen Garten zu kommen, um die Frühbeet-Fenster zu öffnen oder zu schließen. Es besteht daher die Gefahr, daß bei längerem Sonnenschein die Kultur »verbrennt« oder aber, wenn die Fenster offen gelassen wurden, plötzlich eintretende Kälte Schaden anrichtet. Bestens

bewährt haben sich selbstlüftende Frühbeetfenster. Die Rahmen sind aus Leichtmetall angefertigt. Das Öffnen und Schließen der Fenster erfolgt mittels eines Ölthermostats, die gewünschte Temperatur kann eingestellt werden. Der Kasten selbst ist ein Betonkasten, der auch aus Fertigteilen zusammengestellt werden kann. Der Preis für die Fenster ist leider relativ hoch, da alles in Handarbeit ausgeführt ist. Wer einen dreiteiligen Kasten besitzt, könnte aber evtl. in der Mitte ein selbstlüftendes Fenster auflegen, das die Lüftung des gesamten Kastens mit übernimmt.
Ein solcher Frühbeetkasten kann natürlich nicht nur für den ersten Frühjahrsanbau und zur Jungpflanzenanzucht verwendet werden. Als Nachfolgekultur fühlen sich darin auch Gurken und Paprika wohl. Im Spätsommer ist noch eine Aussaat mit Feldsalat möglich, der in dem Kasten gut über den Winter kommt. Auch eine Einwinterung von verschiedenen Gemüsearten, wie z. B. Lauch und Möhren, kann darin vorgenommen werden.
Ausnahmsweise soll hier die Bezugsquelle dieser Fenster genannt werden, weil diese nicht im Handel, sondern nur beim Hersteller erhältlich sind: Karl Richter, Großhadener Straße 24, 8000 München 55.
Natürlich gäbe es noch mehr Möglichkeiten mit Kleingewächshäusern. Aber wo hört »klein« auf und wo beginnt der Perfektionismus?

Selbstlüftende Fenster auf einem Frühbeetkasten.

Kleines Glashaus für Anzucht und Kultur.

Gemüsegarten

Viele Stadtverbände bzw. Stadtgartenämter sind der Meinnung, Gewächshäuser gehören nicht in Kleingärten, weil dadurch außer den Gartenhäusern zusätzliche Baukörper entstehen, die ein unruhiges Bild verursachen. Die Gesamtgestaltung der Anlage würde darunter leiden. Sie verbieten deshalb die Erstellung solcher Glashäuser.
Wenn Sie aber glauben, ohne ein Glashaus nicht auskommen zu können, erkundigen Sie sich vor dem Kauf eines Hauses, ob das Aufstellen in Ihrer Anlage gestattet ist.

Das Hügelbeet

Hügelbeete sind sehr gefragt. Für das Innere eines solches Beetes werden Zweige verwendet, wie sie alljährlich beim Schnitt von Gehölzen im Garten anfallen. Auch anderes Grobmaterial kann dabei Verwendung finden. Die Vorteile eines solchen Hügelbeetes sind: Durch die Verrottung im Innern erwärmt sich die Pflanzerde und bewirkt so ein schnelleres und kräftigeres Wachstum. Die Pflanzen werden ausreichend ernährt, weil durch die Verrottung Nährstoffe frei werden. Auch bei längerem Regen kann sich kein Nässestau entwickeln, und in den Hügel kann ausreichend Sauerstoff eindringen. Außerdem ist das Beet platzsparend und sowohl für Mischkulturen als auch für Nachfolgekulturen gut geeignet.
Ein Nachteil ist, daß die Errichtung sehr viel Arbeit erfordert und daß

Platzsparendes Hügelbeet mit Mischkulturen.

An frostfreien Tagen kann die Gemüsemiete geöffnet werden.

sich Mäuse oder gar Ratten gerne darin einnisten, die dann bekämpft werden müssen. In Gegenden mit wenig Niederschlägen während der Sommermonate hat es sich nicht bewährt, weil es zu sehr austrocknet.
Wie wird ein Hügelbeet errichtet? Zunächst muß man in der vorgesehenen Breite von etwa 1,50 m eine spatenstichtiefe Mulde ausheben und den Mutterboden beiseite legen. Als Innenkern, der etwa 50 cm breit und ca. 40 cm hoch wird (Länge variabel), verwenden wir kleingeschnittene Äste und Zweige von Obstbäumen und Ziergehölzen sowie verholzte Staudenteile. Darauf kommt eine Packung mit Grassoden, die umgekehrt daraufgelegt werden (ca. 15 cm hoch). Die nächste Abdeckung besteht aus einer etwa 30 cm hohen Laubschicht, auf die etwa 15 cm hoch grober, unverrotteter Kompost aufgebracht wird. Obendrauf kommt etwa 20 cm hoch Muttererde, die mit Torf oder verrottetem Kompost gemischt wurde.

Gemüsemiete für den Winter

Während Porree, Grünkohl, Winterspinat und Feldsalat auf den Beeten stehen bleiben können, müssen für andere Gemüsearten Überwinterungsmöglichkeiten geschaffen werden. In den Kellern ist es meist zu warm und zu trocken und die Kühlschächte in den Lauben sind zu klein. In solchen Fällen legt man einfach im Gemüsegarten eine Erdmiete an für die Einlagerung von Möhren, Sellerie, Roten Rüben, Rettich, Schwarzwurzeln und Spätkohlsorten. Im Spätherbst wird auf einer Fläche von etwa 1 × 2 m die Erde ca. 30 cm tief ausgehoben. Das Gemüse wird lagenweise in die ausgehobene Fläche eingelegt und mit kurzem Stroh dicht abgedeckt. Darauf kommt der Erdaushub. Das Gemüse hält sich darin den ganzen Winter frisch. Wenn zwischendurch frostfreie Tage sind, kann man die Miete öffnen und den Gemüsevorrat für die nächste Zeit entnehmen.

Geeignete Gemüsekulturen in Kürze

Mit der Lage des Gartens ist auch ein bestimmtes Klima vorgegeben, ebenso die Qualität des Bodens

Erntereife Brokkoli-Rose.

und mit ihr die Widerstandsfähigkeit einzelner Kulturpflanzen. Was aber kann speziell im Kleingarten problemlos angebaut werden?

Für Kohlanbau ist meistens die vorgesehene Gemüsefläche etwas zu klein. Eine Ausnahme bilden Kohlrabi, Rosen- und Grünkohl, Blumenkohl und Brokkoli.

Kohlrabi gehört zu den ersten Gemüsearten im Frühjahr. Man pflanzt ihn gerne zwischen Kopfsalat und Radieschen. Die Pflanzen sollen nicht zu dicht stehen, damit wir schöne, runde Knollen bekommen.

Brokkoli erinnert geschmacklich etwas an Blumenkohl. Die Pflanzung erfolgt Ende Mai/Anfang Juni. Der Pflanzabstand beträgt etwa 50 cm. Wird er gut versorgt mit Nährstoffen und Wasser, bildet er immer neue Seitentriebe aus.

Rosenkohl ist problemlos. Er gedeiht in jedem Gartenboden. Der günstigste Pflanztermin ist etwa Mitte Juni. Die beste Standweite ist ca. 50 cm, so können sich die Pflanzen voll entwickeln.

Grünkohl wird von Ende Juni bis Anfang August gesetzt, in Abständen von 40 cm. Er ist im Anbau anspruchslos und gedeiht in jedem Gartenboden. Er ist weitgehend frosthart und gewinnt an Aroma, wenn er die ersten Fröste hinter sich hat und ist damit wertvolles Spätgemüse.

Blumenkohl ist etwas empfindlicher. Werden beim Anbau oder bei der Düngung Fehler gemacht, tritt

Hervorragend gepflegte Mischkultur mit ausreichendem Pflanzabstand.

sofort eine Wachstumsstockung ein. In erster Linie ist eine organische Düngung angebracht in Form von Kompost oder organischen Handelsdüngern. Die erste Pflanzung erfolgt etwa Mitte April. Der beste Pflanzabstand liegt bei 50 cm.
Chinakohl eignet sich gut für den Sommeranbau. Er wird an Ort und Stelle ausgesät und später auf etwa 30 cm verzogen. Eine ausreichende Menge an Nährstoffen sollte gegeben werden.
Spinat bereichert im zeitigen Frühjahr unseren Speiseplan. Er wird im März/April für die Frühjahrsernte und für die Herbsternte bis etwa Mitte August ausgesät. Er braucht nur eine mäßige mineralische Düngung. Spinat darf nicht jedes Jahr auf das gleiche Beet gesät werden, will man keine Einbußen in Kauf nehmen. Spinat braucht zur Keimung enge Bindung mit dem Boden, deshalb die Erde fest andrükken.

Es gibt wohl keinen Garten, in dem nicht Salat angebaut wird. Er paßt zu vielen Speisen und schmeckt besonders, wenn er frisch aus dem Gemüsegarten geholt wird.

Verschiedene Salatarten; von Jungpflanzen bis zu erntereifen Salatköpfen.

Kopfsalat gehört zu den Salatarten, die in jedem Garten gedeihen. Er kann vom zeitigen Frühjahr bis Mitte/Ende August gepflanzt werden. Er eignet sich gut als Zwischenpflanzung zu anderen Kulturen. Als Tiefwurzler braucht er eine gute Bodenbearbeitung.

Eissalat hat ein längeres Wachstum. Standweite etwa 30 cm. Er ist gegen niedere Temperaturen empfindlich.

Schnittsalat wird von Ende März bis Anfang April ins Freie gesät. Er wächst sehr zügig und ist nach etwa 4 Wochen erntereif.

Erste Frühjahrskulturen auf Flach- und Hügelbeeten.

Pflücksalat kann sowohl im Frühjahr, als auch im Sommer ausgesät werden. Die Pflanzen werden auf einen Abstand von 15 cm verzogen.
Feldsalat wird etwa ab Mitte August ausgesät. Er ist in einem guten Gartenboden sehr wüchsig. Die Saat darf nicht zu dicht ausgebracht werden.
Zichorie 'Zuckerhut' gedeiht auf jedem normalen Gartenboden. Er wird Ende Juni an Ort und Stelle ausgesät und braucht einen Abstand von 35 cm. Auch leichte Fröste werden vertragen.
Endivie muß ab Mitte Juli ausgepflanzt werden, in Abständen von 30 cm. Er bevorzugt einen guten, fruchtbaren Boden.
Rettiche und **Radieschen** sind für den Anbau im kleinen Garten besonders gut geeignet.
Möhren bevorzugen einen leichten, humosen Standort. Sie sind empfindlich gegen zuviel Feuchtigkeit. Es wird im zeitigen Frühjahr ausgesät, sobald der Boden leicht abtrocknet. Für die Herbsternte können zwischen April und Juni nochmals Spätmöhren ausgesät werden.
Petersilie gedeiht sogar noch halbwegs im Schatten. Schwere Böden und Trockenheit schaden ihr. Die Düngeansprüche sind nicht hoch. Wurzelpetersilie muß im zeitigen Frühjahr, Ende März/Mitte April ausgesät werden. Bei der Blattpetersilie ist eine Aussaat bis Juni möglich. Bodenbearbeitung wie bei Möhren. Um dem Gelbwerden vor-

Zarte Radieschen für die gemütliche Brotzeit.

Ein idealer Trockenplatz für Zwiebeln und Küchenkräuter.

zubeugen ist es zweckmäßig, die Saat jedes Jahr auf ein anderes Beet auszubringen.

Sellerie ist etwas heikler in der Kultur und reagiert empfindlich auf schlechte Pflege. Zu niedrige Temperaturen können ein Schossen bewirken. Es genügt deshalb, wenn er Ende Mai/Anfang Juni auf das Beet kommt, in Abständen von 40 cm. Sellerie braucht eine gute Nährstoffversorgung und reichlich Wassergaben. Die Pflanzen dürfen nicht zu tief in den Boden kommen. Eine Mulchschicht aus Rasenschnitt unter den Pflanzen wirkt sich günstig aus.

Reich tragende Stangenbohnen.

Lauch (Porree) braucht einen guten Gartenboden mit hohem Humusgehalt und viel Nährstoff. Er soll tief gepflanzt werden, um die Bildung eines langen, bleichen Schaftes zu erzielen. Für die Sommerernte wird Ende März gepflanzt. Der Herbstporree kommt Ende Mai auf das Beet.

Auch **Speisezwiebeln** gedeihen recht gut in unseren Gärten. Die Steckzwiebeln kommen im zeitigen Frühjahr in den Boden. Die Zwiebel braucht leichte, lockere Böden. Bei schweren Böden ist eine entsprechende Bodenvorbereitung nötig. Der Abstand ist 4–6 cm in der Reihe, Reihenabstand 20 cm. Das Zwiebellaub darf auf keinen Fall umgetreten werden, weil dadurch der Reifeprozeß unterbrochen wird und die Lagerfähigkeit leidet. Zwiebeln können auch gesät werden. Voraussetzung dafür ist ein guter, nur oberflächlich bearbeiteter Gartenboden. Ernte erfolgt erst Mitte/Ende August.

Buschbohnen sind im Kleingarten ein dankbares Gemüse, gedeihen sie doch auf fast allen Böden. Eine Humuszufuhr verhilft allerdings zu besseren Ernten. Bohnen sind sehr kälteempfindlich, daher empfiehlt es sich, die Kerne erst Mitte Mai auszulegen. Eine Ernteverfrühung läßt sich durch zusätzliche Abdeckung mit Folie erreichen.

Stangenbohnen stellen etwas höhere Ansprüche an Boden und Düngegaben. Der Boden sollte sehr humos und ausreichend feucht sein.
Markerbsen benötigen Bodenwärme und werden deshalb erst Mitt April ausgesät. Sie werden so rechtzeitig geerntet, daß eine Nachkultur mit Erdbeeren möglich ist. Auch Endivie oder Chinakohl kommen als Nachkultur in Frage.
Gurken sind wärmeliebende Pflanzen. Man pflanzt sie deshalb nicht vor Ende Mai aus. Gut bewährt hat sich eine Abdeckung mit Folie während der ersten Wochen im Freiland. Man kann noch ein übriges tun, wenn die Pflanzen auf schwarze Mulchfolie gesetzt werden. Der Boden sollte humos sein und mit Nährstoffen angereichert. Auch auf ausreichende Bodenfeuchtigkeit ist zu achten.
Tomaten sind eine begehrte Frucht im Gemüsegarten. Sie brauchen einen sonnigen, warmen Standort und eine gute Düngung in Raten. Der Boden soll immer humos und feucht sein. Auspflanzen erst nach den Eisheiligen. Um einem Pilzbefall vorzubeugen ist es zweckmäßig, die Tomaten mit einem Foliendach vor Regen zu schützen.
Rhabarber bevorzugt mittelschwere Böden mit gutem Humusgehalt. Er muß gut gewässert werden. Die Kultur ist auch noch im Halbschatten möglich. Ernte bis Ende Juni. Eine Ernteverfrühung kann erreicht werden, wenn die Knospen im Frühjahr

Gurken und Kürbis als Abdeckung der Erde.

Reich tragende Tomatensorte 'Amphora F_1'.

Beispielhafter, gepflegter Kräutergarten.

mit Folie abgedeckt werden. Die Folie muß so locker liegen, daß sie von den wachsenden Stielen hochgehoben werden kann.

In diesem Gemüse-Reigen dürfen aber auch all die vielen **Küchenkräuter** nicht fehlen, die unserer Speise den gewissen Pfiff verleihen, wie z. B. Basilikum, Borretsch, Bohnenkraut, Dill, Estragon, Kerbel, Majoran, Liebstöckel, Zitronenmelisse und – nicht zuletzt – Knoblauch, der gerade bei Gartengrillpartys regen Zuspruch findet. Knoblauch wird in die einzelnen »Zehen« zerlegt und im März/April oder auch im Herbst 4 cm tief in den Boden eingebracht. Abstand 10–15 cm. Ein kräftiger, etwas lehmhaltiger Boden in voller Sonne wird bevorzugt.

Bodenpflege und Pflanzenernährung

Düngung

Um die Leistungsfähigkeit unserer Böden zu erhalten, ist eine ständige Versorgung mit Humus erforderlich. Humusquellen sind Stallmist, Hornmehl, Blutmehl, Kompost aus Gartenabfällen und Torf.

In den eingewachsenen Gärten besteht meist eine relativ dichte Bepflanzung und intensive Nutzung durch mehrere Ernten. Vom Frühjahr bis in den Herbst werden in der Fruchtfolge immer neue Pflänzchen ausgebracht, die erforderlich machen, daß zu der Humusversorgung (Kompost) noch Zusatzdünger gegeben werden, um die Bodenfruchtbarkeit zu erhalten. Auch durch Regen und Schnee werden vor allem bei Sandböden Nährstoffe in tiefere Bodenschichten ausgewaschen, wo sie vielen unserer Kulturpflanzen dann nicht mehr zur Verfügung stehen.

Bei Düngegaben sollte immer darauf geachtet werden, daß ein ausgewogenes Verhältnis von Humus und Zusatzdünger besteht. Als Ergänzung zum Kompost können z. B. **Düngeerden** angesehen werden. Solche Substrate sind mit Nährstoffen angereichert. Welche Dünger in welcher Menge enthalten sind, ist auf den Säcken zu lesen. Es handelt sich bei diesen Mischdüngern um Humobil, Biohum, Super-Manural etc., die in allen Garten-Fachge-

Organische Mischdünger enthalten Hornspäne, Horngries, Hornmehl, Knochenmehl, Blutmehl.

schäften erhältlich sind. Für Rhododendren gibt es Rhodohum, der speziell auf die Bedürfnisse dieser Pflanzen abgestimmt ist und keinerlei Kalk enthält. Solche Dünger sind auch bei Neuanlagen eine gute Starthilfe für die Pflanzen, sollten aber nach Gebrauchsanweisung angewandt werden, um Düngeschäden zu vermeiden.

Organisch-mineralische Dünger gibt es auch als Volldünger. Dem organischen Material wurde Kali zugesetzt, z. B. bei Engelharts Gartendünger, Hornoska Spezial und Manna Spezial.
Die wohl am meisten verwendeten Dünger sind die bekannten Blau-**Volldünger** Nitrophoska spezial und Nitrophoska perfekt (Blau bedeutet »nahezu chloridfrei«).
Nitrophoska spezial wird kontinuierlich mit der gleichen Nährstoffzusammensetzung angeboten, und zwar 12% Stickstoff, 12% Phosphat, 17% Kali und 2% Magnesium. Wie Untersuchungen ergaben, hat sich im Laufe der Zeit der Gartenboden stark mit Phosphaten angereichert, weil dieser Dünger sich lange im Boden hält und nicht ausgewaschen wird. Um einer Phosphatansammlung in den Böden entgegenzuwirken, ist man dazu übergegangen, einen Dünger herzustellen, der weniger Phosphor enthält und dafür mehr Stickstoff und Kali-Anteile hat. Nitrophoska perfekt enthält also 15% Stickstoff (N), 5% Phosphor (P), 20% Kali (K) und 2% Magnesium (Mg).
Einen neuen Dünger ganz ohne Phosphor hat jetzt Compo entwikkelt: Nitroka plus. Für die meisten Kleingarten-Böden, in denen Phosphat ausreichend vorhanden ist, wäre dieser Dünger am besten. Er enthält 12% Stickstoff, 18% Kali und 6% Magnesium, Phosphor fehlt also ganz.

Gründüngung
Eine sehr wichtige Art der Humusversorgung ist die Gründüngung. Durch Mikroorganismen werden im Boden die Reste der Gründüngungspflanzen abgebaut; diese stehen dann den Pflanzen und Bodenlebewesen als Nahrung zur Verfügung. Auch Asseln und Regenwürmer helfen bei diesem Prozeß mit. Die Gründüngung trägt also wesentlich zur Humusbildung bei, was gerade bei Neuanlagen wichtig ist. Sie bereichert die biologische Aktivität des Bodens und hat einen günstigen Einfluß auf das Nährstoffangebot. Zusätzlich wird durch den Humus die Durchlüftung schwerer Böden gefördert. Die Bedeckung der Bodenfläche verhindert außerdem eine Austrocknung.
Im Handel sind verschiedene Mischungen, die auf die unterschiedlichen Bodenarten abgestimmt sind. Gegen Bodenmüdigkeit (Bodenälchen) gibt es »Gartendoktor«, eine Mischung aus verschiedenen Sommerblumen.

Gründünger bedeckt die Bodenfläche und fördert die biologische Aktivität im Boden.

Die »Schnellgrüner«-Mischung lokkert den Boden bis in tiefe Schichten, sammelt Stickstoff durch die Leguminosen und bildet Nährhumus, ist also gut geeignet für Neuland. »Grünhumus« verwendet man mehr für leichte oder mittlere Böden zur Humusanreicherung und Stickstoffansammlung.
»Grünaktiv« ist hervorragend für schwere Böden. Durch tiefe Bewurzelung erfolgt eine gute Bodenlokkerung. Diese Mischung ist ebenfalls Stickstoff- und Humuslieferant.
Außer diesen Mischungen kann man auch Einzelsorten säen, wie Ölrettich, Phazelia, Senf, Klee, Lupinen, Raps usw.
Um die Vorteile der einzelnen Gründüngungspflanzen zu nutzen, sollte

ein jährlicher Wechsel des Saatgutes erfolgen.
Die Aussaat des Gründüngers erfolgt im Sommer, wenn die ersten Beete abgeerntet sind. Man kann es ja so machen, daß jedes Jahr ein anderes Beet mit Gründünger besät wird. Auf diese Weise verliert man nicht so viel Platz für Nachfolgekulturen. Die Grünmasse wird im Herbst einfach umgegraben. Fachleute plädieren dafür, daß die Grünpflanzen den Winter über stehen bleiben, damit der Boden immer bedeckt ist. Im zeitigen Frühjahr wird dann die Gründüngung in den Boden eingearbeitet, was aber im Kleingarten nicht immer vorteilhaft ist, da die Bearbeitung der Gemüseflächen oft schon sehr früh erfolgt. Besonders in klimatisch begünstigten Lagen wird dies der Fall sein. Auch in Gegenden mit leichten, sandigen und humusreichen Böden ist eine frühe Bestellung der Gärten ohne weiteres möglich, da sich leichte Böden schneller erwärmen. Bei schweren Böden kann dies ausgeglichen werden, wenn über die Kulturen Flachfolien oder Folientunnels gespannt werden.
Abschließend sei aber nochmals betont, daß auch zu dieser optimalen Humusmasse zusätzlich eine Düngung mit einem Volldünger erfolgen sollte.

Bodenuntersuchung

Wer nun wissen möchte, ob sein Boden ausreichend versorgt ist und welche Nährstoffe und Spurenelemente fehlen, sollte eine Bodenprobe machen und sie einschicken. Der Preis beläuft sich auf etwa 15 DM. So können Düngemittel vielleicht eingespart oder eventuell feh-

Entnahme einer Bodenprobe.

Mischen der entnommenen Proben.

lende Nährstoffe gezielt verabreicht werden.
Damit sich ein einwandfreier Durchschnitt ermitteln läßt, nimmt man von einer bestimmten Kultur (Obstflächen, Gemüse und Blumen getrennt) etwa 10–15 Proben, vermischt die Erde gründlich und gibt davon etwa $^1/_2$ kg in einen sauberen Kunststoffbeutel. Jeder Beutel muß mit einem Zettel versehen sein, auf dem zu lesen ist, von welchem Beet die Erde stammt. Die Proben dürfen nicht zu feucht sein. Wichtig ist auch, daß die Proben nicht aus einer frisch gedüngten oder mit Stallmist angereicherten Fläche entnommen werden.
Die Probe nimmt man am besten mit einem Spaten vor; man sticht aus dem Erdreich eine Wand heraus und nimmt davon einen Streifen weg. Auf einem gesonderten Blatt kann noch die Größe und Nutzung des Grundstückes angegeben werden. Alles zusammen wird eingesandt an die für sie zuständige Bodenuntersuchungsstelle. Sie erhalten dann die Bodenwerte zugeschickt mit einer Empfehlung, was dem Boden an speziellen Nährstoffen eventuell noch zugeführt werden soll.

Folgende Stellen sind dafür zuständig:

Baden-Württemberg
Staatliche landwirtschaftliche Untersuchungs- und Forschungsanstalt Augustenberg, Neßlerstr. 23, Postfach 41 09 43, 7500 Karlsruhe 41.

Landesanstalt für landwirtschaftliche Chemie, Postfach 106, 7000 Stuttgart 70.

Bayern
Bayerische Hauptversuchsanstalt für Landwirtschaft der Technischen Universität München, 8050 Freising-Weihenstephan.

Bayerische Landesanstalt für Bodenkultur und Pflanzenbau – Landwirtschaftliches Untersuchungsamt, Luxburgstr. 4, 8700 Würzburg.

Hessen
Landwirtschaftliches Untersuchungsamt und Versuchsanstalt, Rheinstr. 91, 6100 Darmstadt.

Hessische Lehr- und Forschungsanstalt für Wein-, Obst- und Gartenbau, Beinstr. 15, 6222 Geisenheim.

Landwirtschaftliches Untersuchungsamt und Versuchsanstalt. Am Versuchsfeld 11, 3500 Kassel-Harleshausen.

Niedersachsen
Landwirtschaftliche Untersuchungs- und Forschungsanstalt, Hochstr. 18, 3300 Braunschweig.

Landwirtschaftliche Untersuchungs- und Forschungsanstalt, Finkenborner Weg 1A, 3250 Hameln.

Landwirtschaftliches Untersuchungsamt und Versuchsanstalt, Mars-la-Tour-Str. 4, 2900 Oldenburg.

Nordrhein-Westfalen
Landwirtschaftliche Untersuchungs- und Forschungsanstalt, Weberstr. 61, 5300 Bonn.

Landwirtschaftliche Untersuchungs- und Forschungsanstalt, Von-Esmarchstr. 12, 4400 Münster.

Rheinland-Pfalz
Landwirtschaftliche Untersuchungs- und Forschungsanstalt, Obere Langgasse 40, 6720 Speyer.

Landes-Lehr- und Versuchsanstalt für Weinbau, Gartenbau und Landwirtschaft, Institut für Bodenkunde, Egkertstr. 18–19, 5500 Trier.

Schleswig-Holstein
Landwirtschaftliche Untersuchungs- und Forschungsanstalt, Gutenbergstr. 75–77, 2300 Kiel.

Kompost

Die meisten Gärtner wissen inzwischen, daß ein guter Kompost der beste Humuslieferant für den Garten und durch nichts zu ersetzen ist. Durch ihn werden die Bodenorganismen belebt und gefördert, ohne die unsere Pflanzen nicht gedeihen können. Kompost bei leichten, sandigen Böden eingebracht bewirkt, daß Wasser und Nährstoffe festgehalten und nicht so leicht in das Grundwasser abgeschwemmt werden. Bei schweren, lehmigen Böden erzielt man mit Kompostgaben eine Lockerung und Durchlüftung des Bodens. Die Bodenorganismen bewirken eine gute Bodengare und sorgen so für die Krümelstruktur der Erde.

Anlage des Komposts

Da in kleinen Gärten sehr wenig Platz ist, legt man sich einen oder noch besser zwei Kompostbehälter zu, die an einer leicht beschatteten Stelle aufgestellt werden. Solch ein Behälter soll stabil sein und gut zu handhaben. Sehr wichtig ist, daß von allen Seiten Luftzufuhr erfolgt, da zur Verrottung nicht nur Wärme und Feuchtigkeit, sondern auch Sauerstoff erforderlich ist. In luftundurchlässigen Behältern eingelagertes Material fängt unweigerlich an zu faulen und zu stinken; so entsteht der legendäre »Misthaufen«, mit dem nichts mehr anzufangen ist. An käuflichen Kompostbehältern

wäre zunächst einmal die bekannte »Schwarzwälder Kompostlege« zu nennen, in den Abmessungen 1 × 1 m, 1,25 × 1,25 m und 1,50 × 1,50 m, alle 75 cm hoch. Sie besteht aus tiefdruckimprägnierten Rundhölzern, kann sehr leicht zusammengebaut und, bei Bedarf, auch wieder zerlegt werden. Die Haltbarkeit der Lege ist sehr hoch. Der Behälter sieht gefällig aus und fügt sich gut in das Bild des Gartens.
Ein anderer bewährter Behälter ist das »System Miorin«. Das Gestell besteht aus vier Eckpfosten aus Stahlbeton; diese sind mit schrägen Nuten versehen, in welche die Bretter eingeschoben werden. Kaputte Holzteile sind leicht zu erneuern. Muß der Kompost umgesetzt werden, nimmt man die Bretter einfach heraus.
Eine dritte Möglichkeit ist ein Drahtbehälter, der mit zwei langen Eisenstiften zusammengehalten wird. Auch er ist zerlegbar.
Viele Gartenfreunde aber möchten sich ihren Kompostbehälter selbst bauen. Das hat den Vorteil, daß man die Größe selbst bestimmt. Dabei ist es vorteilhaft, wenn der Behälter in der Mitte abgeteilt wird, damit der Kompost von einem Teil in den anderen umgesetzt werden kann. Um die Lebensdauer dieses Eigenbaues zu verlängern, wäre es empfehlenswert, tiefdruckimprägniertes oder wenigstens ein mit einem guten Holzschutzmittel eingelassenes Holz zu verwenden.

Schwarzwälder Kompostlege, leicht zerlegbar und gut in das Gartenbild passend.

Eigenbau eines Hobbygärtners. Die vordere Wand des Behälters kann herausgenommen werden.

Bodenpflege und Pflanzenernährung

Keine Rolle spielt es, ob Vierkanthölzer, Rundlinge oder nur Dachlatten verarbeitet werden. Nur sollte man bedenken, daß der Behälter leicht zerlegbar sein soll, damit man sich beim Umsetzen oder Entnehmen des Materials leichter tut.
Wir haben in unserem eigenen Garten einen Doppelbehälter aus Dachlatten. Die vorderen Fronten werden durch stehende Winkeleisen festgehalten und können bei Bedarf herausgezogen werden.

Wie wird kompostiert?
Das Kompostmaterial selbst besteht aus Gartenabfällen wie Unkraut, Laub, Rasenschnitt, verblühten Teilen von Prachtstauden und Sommerblumen und kleingeschnittenen Zweigen von Ziergehölzen und Obstbäumen. Auch Rasensoden, wie sie bei der Neuanlage eines Gartens anfallen, können gut verwendet werden. Außer Eierschalen und Kaffeefiltern sollten Küchenabfälle im Kleingarten möglichst nicht kompostiert werden, da erfahrungsgemäß Ratten und Mäuse dann nicht lange auf sich warten lassen.
Die Bodenfläche des Behälters wird also erst einmal mit Material aus dem Garten 20 cm hoch bedeckt und mit etwas kohlensaurem Kalk überpudert. Darauf kommen ein paar Handvoll Horn/Knochen/Blutmehl, um das Bakterienleben zu fördern. Mit diesem Dünger wird die Komposterde gleichzeitig mit Stickstoff und Phosphorsäure angereichert. Da in neuen Gärten noch kein fertiger Kompost zur Verfügung steht, mit dem der neue Haufen »geimpft« werden könnte, geben wir einige Schaufeln normale Erde darüber und gießen das Ganze an. Sollten zu diesem Zeitpunkt schon kleingeschnittene Zweige zur Verfügung stehen, werden diese daraufgestreut; das fördert eine bessere Durchlüftung des Haufens. Dann wird die nächste Schicht auf die gleiche Weise aufgesetzt und genau wie vorher verfahren. Bei trockener Witterung wird der aufgesetzte Kompost ab und zu gewässert, so daß das Material immer etwas feucht bleibt.
Nach einigen Wochen wird das inzwischen angerottete Material umgesetzt. Es dauert etwa ein halbes Jahr, bis der Kompost so weit verrottet ist, daß er verwendet werden kann. Er besteht dann aus relativ groben Teilchen, ist aber in diesem Zustand als Nährhumus am wertvollsten.
Die angesetzte Masse wird also aus dem Behälter geholt und durch ein grobes Wurfgitter geworfen. Noch nicht verrottete Teile geben wir wieder in den neuen Haufen. Die gewonnene Komposterde wird im Garten ausgebracht und nur oberflächlich eingearbeitet.
Wer die Möglichkeit hat, Stallmist zu bekommen (er darf auch frisch sein und viel Stroh enthalten), setzt den Kompost schichtenweise damit auf.

Der Kalk muß aber in diesem Fall weggelassen werden. Bisher hat man Mist gerne mit Torf zusammen aufgesetzt. Torf ist aber inzwischen zu kostbar geworden, so daß man sich eben mit Gartenabfällen und normaler Gartenerde behelfen muß, was auch sehr gut geht.
Ein derart aufgesetzter Komposthaufen wird in kürzester Zeit von Kompostwürmern und Asseln besiedelt sein und die eingebrachten Gartenabfälle und das Stroh sind bald weitgehend verrottet. Damit genügend Sauerstoff an das Kompostmaterial kommt, sollte der Haufen 1–2mal umgesetzt werden. Wird die Masse schließlich entnommen, gibt man einige Schaufeln davon in den neuen Haufen, um ihn mit Bodenlebewesen zu »Impfen« und die schnelle Verrottung zu fördern.
Klärschlamm sollte nach Möglichkeit nicht verarbeitet werden. Wie häufig zu lesen ist, befindet sich darin ein sehr hoher Anteil an Schwermetallen; außerdem ist er auch nicht immer frei von Wurmeiern und Viren.

Um die Komposterde fruchtbar zu erhalten, muß der ganze Haufen beschattet werden.

Pflanzenschutz

Vorbeugen ist besser als spritzen

Viele Hobbygärtner nehmen sich heutzutage vor, aus dem eigenen Garten nur biologisch gezogenes Obst und Gemüse zu ernten und auf Chemie ganz zu verzichten. Im Laufe der Zeit aber wird sich herausstellen, daß in manchen Jahren verschiedene Krankheiten und Schädlinge vermehrt auftreten und daß dann, will man überhaupt etwas ernten, doch ab und zu mal zur Spritze oder zu einem Stäubemittel gegriffen werden muß. Vorab aber sollten günstige Kulturbedingungen geschaffen werden, um Krankheiten so weit als möglich zu verhindern. Auch gibt es viele Nützlinge, die geschont werden wollen. Kranke Pflanzenteile werden rechtzeitig entfernt, um ein Übergreifen auf andere Kulturen zu verhindern. Was kann der Gärtner noch alles tun, um vorbeugend tätig zu sein.

- Ein sehr wichtiges Mittel, den Garten gesund zu erhalten, ist der **Kompost.** Durch das rege Bodenleben werden meist selbst hartnäkkige Krankheiten biologisch unterdrückt. Gerade bei der Neuanlage eines Gartens hat man die Möglichkeit, die entsprechenden Kulturen an einem Standort unterzubringen, der ihnen zusagt. Ausgesprochene Sonnenanbeter gedeihen eben in der Sonne am besten, und Schattenpflanzen wird es in der Sonne zu warm werden. Wird das nicht berücksichtigt, erleiden die Pflanzen eine Störung und sind dadurch krankheitsanfälliger. Ehe Sie also an's Werk gehen, schmökern Sie erst mal in aller Ruhe in guten Gartenbüchern oder Katalogen und studieren Sie die bevorzugten Wachstumsbedingungen, es lohnt sich.
- Auch die **Bodenbeschaffenheit** spielt eine große Rolle, sollen die Kulturen gedeihen. Setzt man kalkfliehende Arten in normalen Boden, bekommen sie alsbald Chlorose und gehen über kurz oder lang ein. Oder umgekehrt: Pflanzen, die Kalk brauchen, fühlen sich in saurem Boden nicht wohl und kümmern jahrelang dahin, bis sie schließlich auf dem Kompost landen, weil nichts daraus geworden ist.
- Die gute **Bodenbearbeitung** ist eine sehr wichtige Sache. Besonders nach sommerlichen Regenfällen sollte die Bodenfläche oberflächlich gelüftet werden. Die Pflanzen fühlen sich in so einem Boden wesentlich wohler und entwickeln dadurch mehr Widerstandsfähigkeit, als in einem verhärteten, verkrusteten Erdreich. Ein altes Gärtnersprichwort sagt: »Zweimal gehackt ist einmal gedüngt«. Bei diesem Arbeitsgang schlägt man gleich zwei Fliegen mit einem Streich; es wird so ganz nebenbei Unkraut gejätet. Gut bewährt hat sich vor allem bei Obstgehölzen und Beerensträuchern, wenn eine Mulchdecke aus Rasenschnitt aufgebracht wird.

Das Pflegen einer Baumscheibe im Herbst: Abdecken mit Kompost und Laub.

Dann muß nicht ständig gegossen werden, weil das Erdreich feucht bleibt, und unter der Mulchdecke kann sich ein reges Bodenleben entwickeln, was wiederum den Pflanzen zugute kommt. Außerdem braucht in so einem Bereich nicht mehr gelockert werden, und Unkraut kann sich kaum mehr entwikkeln.

Auch bei Tomaten, Sellerie und Himbeeren ist solch eine Mulchschicht angebracht.

- Hobbygärtner meinen es oft zu gut mit der **Ernährung** ihrer Kulturen. Vor allem mit Stickstoff überdüngte Pflanzen zeigen ein rasches Wachstum, werden sehr mastig, bleiben aber weich und bieten somit eine gute Angriffsfläche für Krankheiten und Schädlinge. Ein Vergleich mit uns Menschen sei hier erlaubt: Eine gesunde Ernährung in Maßen genossen erspart oft den Weg zum Arzt.
- Bei allen Kulturen gibt es **Sorten,** die robust und widerstandsfähig gegen Krankheiten sind. Auch das ist eine Art von Vorbeugung, wenn diese Sorten bevorzugt werden.

Arten und Sorten, die heikel in der Kultur sind, sollte man deshalb lieber nicht in den Garten bringen. Es sei denn, in der Familie gibt es ausgesprochene Pflanzenliebhaber, die den vielzitierten »grünen Daumen« besitzen und unter deren pflegender Hand so ziemlich alles gedeiht.

- Auf ausreichende **Pflanzabstände** soll unbedingt geachtet werden. Pflanzen, die sich aus Platzmangel gegenseitig Luft, Licht und Nährstoffe wegnehmen, können sich nicht frei entwickeln und werden dadurch krankheitsanfälliger.
- Im Gemüsegarten gibt es noch eine Maßnahme, die beachtet werden soll. Für fast alle Gemüsearten gilt, daß sie nicht immer am gleichen **Standort** zu stehen kommen sollen. Ein jährlicher **Fruchtwechsel** auf den einzelnen Beeten gilt daher ebenfalls als Vorbeugungsmaßnahme gegen Krankheiten. Wer nur am Abend Zeit hat zum Gießen, sollte es nach Möglichkeit vermeiden, das Blattwerk zu benetzen. Die Blätter sollen über Nacht abgetrocknet sein, damit sich nicht so leicht Pilzsporen ansiedeln können.
- Eine wirksame Maßnahme im Obstgarten ist ein gutes **Auslichten der Baumkronen.** In gut ausgelichteten Obstbäumen und Beerensträuchern trocknet das Blattwerk rasch wieder ab, was einen Pilzbefall erschwert. Wo es erforderlich ist, muß ein starker Rückschnitt vorgenommen und kranke Teile ganz entfernt werden. Das ist häufig bei Sauerkirschen der Fall, die gerne von Zweig-Monilia befallen werden. Dies ist ein Pilz, der über die Blüte in den Zweig eindringt und ganze Zweigpartien absterben läßt. Man schneidet in so einem Fall bis in das gesunde Holz zurück und verjüngt dadurch den Baum zugleich. Ein jährlicher starker Rückschnitt sofort nach der Ernte ist eine gute Vorbeugungsmaßnahme gegen diese Krankheit.
- Dazu kommt noch, daß Nützlinge geschont und gefördert werden. Einen geringfügigen Schädlingsbefall kann der Kleingärtner tolerieren: Er muß ja nicht davon leben. Auf diese Weise wird von vornherein der Garten für die Nützlinge ein interessantes Pflaster. Wo chemische Präparate zum Einsatz kommen, sollten nützlingsschonende Mittel bevorzugt werden. Meist kommt ein Hobbygärtner mit nur wenigen Mitteln aus, um seine Kulturen gesund zu erhalten. Informationen darüber im einzelnen kann man sich aus Fachzeitschriften, guten Fachbüchern oder bei den zuständigen Beratern holen.

Nützlinge

Wer kennt sie nicht, die niedlichen, quicklebendigen Meisen, die Feldlerchen mit ihrer feinen Stimme oder die Grasmücken mit ihrem unermüdlichen, hellen Balzgesang? Laut wissenschaftlicher Untersuchungen besteht die Nahrung von Meisen und Kleibern zu 60% aus Schädlingen, von Lerchen, Fitislaubsängern und Grasmücken zu 70%. Tannenmeise und Gartenrotschwanz vertilgen davon 77% und der Kuckuck gar 90%.

Um diese **Vögel** in unsere Gärten zu locken, können Nistkästen aufgehängt werden.
Ein Kasten in unserem Garten wird jedes Jahr von Spatzen beschlagnahmt. Heuer wurde er derart mit Material vollgepfropft, daß zum Brüten kein Plätzchen mehr frei war und die »Wohnung« aufgegeben wurde. Ein zweiter Nistkasten an der Laube wurde die Behausung einer etwas scheuen Tannenmeise, die vor Aufregung immer die Kopffedern sträubte, wenn sie uns erblickte. Schließlich kamen noch die Nachbarsmeisen mit ihren Jungen und pickten von unseren Obstbäumen Insekten und Räupchen für den Nachwuchs. Wurde das Gezeter der Jungen zuviel, flog die Meisin einfach in unser Gartenhaus und holte dort Erdnüsse als Zwischenmahlzeit für die aufsässige Brut. Solche Erlebnisse tragen zur Entspannung bei, und die Kinder können ein Stück Natur hautnah erleben. Auch **Igel** gibt es hier. Sie vertilgen eine Unmenge an Schnecken, Engerlingen, Erdraupen und Würmern, dann und wann auch einmal eine junge Maus. Feinschmecker unter ihnen machen sich schon mal über die Hundeschüssel des Nachbarhundes her, um das neue Chappi zu kosten. Im Herbst sind

Von oben nach unten: Drei wichtige Helfer im Kleingarten: Igel, Grasmücke, Erdkröte.

diese niedlichen Kerle dankbar, wenn man ihnen einen dichten Laubhaufen herrichtet, der als Überwinterungsquartier gerne angenommen wird.
Im vergangenen Jahr fand ich unter einem Lattenrost im Gemüsegarten ein kleines, dunkelbraunes Fröschlein. Es hat sich dort im kühlen Schatten wohlgefühlt. Schnecken, Käfer und Würmer gab's in Mengen, und so wurde daraus ein halbwüchsiges Tier, das sich als **Erdkröte** entpuppte. Sie verschwand im Herbst aber wieder. Dieses Jahr nun fand sie sich erneut in ihrer Behausung unter den Rosten ein. Sie war schon ein ganzes Stück größer geworden, als ich sie entdeckte. Es täte mir leid, wenn sie im nächsten Jahr nicht wieder käme, schon deshalb, weil sie unter den kleinen, gefräßigen Nacktschnecken im Gemüseteil so gründlich aufgeräumt hat.

Florfliege, ein erfolgreicher Blattlausjäger.

Der **Marienkäfer** ist auch jedem Kind bekannt. Seine große Beliebtheit verdankt er wohl zum Teil dem Umstand, daß ihm von jeher der Ruf eines Glückskäfers vorausgeht. Wovon er aber lebt, wissen die wenigsten von uns. Sein Hunger ist beinahe unersättlich, wenn er in eine Blattlauskolonie eindringt. 40–60 solcher Tiere vertilgt er jeden Tag. Auch Spinnmilben, Blutläuse, Wollläuse etc. stehen auf seinem Speiseplan – ein wahrer »Glückskäfer« also für unsere Gärten.
Wer aber kennt auch noch seine Larven? Es sind graue, eher häßliche Dinger, die bestimmt schon oft für Schädlinge gehalten wurden. Auch sie räubern unter den Läusen. Während ihres etwa 4wöchigen Larvenstadiums vernichten sie immerhin um die 400 Blattläuse.
Ein weiterer wichtiger Nützling ist die **Florfliege,** die vielfach mit einer Motte verwechselt wird. Sie hat einen hellgrünen Körper und netzartige, durchsichtige Flügel, die ebenfalls grünlich schimmern. Zum Überwintern zieht sie sich gerne in Gartenhäuser oder Speicher zurück, auch in Treppenhäusern und Wohnungen sind sie zu finden. Ihre Eier sitzen auf Stielchen meist an Blatträndern oder Blattunterseiten. Die Larven der Florfliege ähneln denen der Marienkäfer; sie sind nur etwas bräunlicher als diese.
Sowohl die Larve als auch die fertige Florfliege machen Jagd auf Blattläuse, Spinnmilben, Schild-

läuse, Wolläuse und andere Schadinsekten.
Bei den **Schwebfliegen** ist nur die Larve unser Helfer bei der Schädlingsbekämpfung. Sie haben eine Länge von 12 mm und sehen mit ihren sechs gelben Monden auf dem Hinterleib fast aus wie eine Wespe. Man erkennt sie sofort daran, daß sie in der Lage sind, in der Luft an einer Stelle »stehen« zu bleiben, um im nächsten Moment blitzschnell den Standort zu wechseln. Ihre Larven sind etwa 10 mm groß, durchschimmernd von hellgrün bis bräunlich und gehen den Blattläusen zu Leibe. Eine einzige Larve kann täglich bis zu 40 Blattläuse vertilgen.
Schlupfwespen sind eine artenreiche Insektengruppe. Die kleinsten von ihnen sind auf Blattläuse spezialisiert. Die größeren Schlupfwespen haben es dagegen mehr auf Raupen oder Schmetterlingspuppen abgesehen. Auch sie bohren ihren Legestachel in den Körper ihrer Opfer und legen dort ihre Eier ab. Die ausgeschlüpften Larven leben von den Innereien der parasitierten Tiere, bis nur noch die Hülle vorhanden ist.
Neben den genannten Nützlingsarten wären noch eine Reihe anderer zu nennen. Da gibt es z. B. **Raubwanzen,** die Raupen aussaugen, oder auch die vielen **Laufkäfer.** Es sind meist schwarze, schillernde Käfer, die sich über Raupen, Schnecken und dergleichen hermachen.

Ein weiterer Nützling, die Schwebfliege.

In der Natur ist es so eingerichtet, daß zu den Schadinsekten auch die entsprechenden Gegenspieler als Ausgleich vorhanden sind.

Gespinst mit Raupen im Pflaumenbaum.

Einige Schädlinge

Einige Allerweltsschädlinge, die sich in unseren Gärten aufhalten, seien kurz angesprochen. Treten sie verstärkt auf, kommt man meist nicht drumherum, ein Pflanzenschutzmittel einzusetzen, damit die Ernte nicht vernichtet wird.
Schnecken treten in manchen Jahren besonders stark auf. Im vergangenen Jahr habe ich fast täglich zwischen 30 und 60 Schnecken unter den Holzrosten aus dem Gemüsegarten geholt und mit kochendem Wasser übergossen. Die Schneckeninvasion kam von einem benachbarten Acker. Von unseren Gemüsekulturen wäre nicht mehr viel übrig geblieben, hätte ich nicht zusätzlich noch Schneckenkorn gestreut. Zur Beruhigung vieler: unsere Igel haben davon nichts angerührt und trugen keinen sichtbaren Schaden davon.

Auch mit Bierfallen habe ich es schon versucht. Dies sind kleine Behälter, z. B. Joghurtbecher oder fertigkäufliche Schüsselchen mit Dach, die bis zum Rand eingegraben und mit Bier gefüllt werden. Die Schnecken werden durch den Duft angelockt und ertrinken darin. Die Schnecken machten nach unseren Erfahrungen keinen Unterschied zwischen den einzelnen Biersorten. Ich habe diese Art von Tierfängerei bald wieder aufgegeben, weil die Tiere sich in Schleim aufgelöst haben und ich einen fürchterlichen Ekel dabei empfand, die Behälter zu leeren.
Kaum reifen die ersten Früchte, sind auch schon die **Wespen** zur Stelle. Sie machen sich über alles her, was saftreich ist und süß. An solchen Fraßstellen entsteht bald Fruchtfäule (Monilia), die sich auf dem Obst schnell ausbreitet; die Früchte sind dann für uns wertlos.

Kohlweißlingsraupen am Werk.

Die gefräßige Rote Nacktschnecke.

Um diese naschhaften Kerle einigermaßen in den Griff zu kriegen, füllt man in Flaschen etwas Bier und gibt ein wenig Zucker dazu. Auch vergorener Fruchtsaft eignet sich. Diese Flaschen werden in den Obstbäumen aufgehängt oder auch an der Terrasse, wo die Wespen beim Essen ganz schön lästig werden können. Von dem süßen Saft angelockt, kriechen die Tiere in die Flasche, aus der sie nicht mehr herauskommen.

Leimringe sind eine sehr gezielte und ungiftige Pflanzenschutzmaßnahme. Sie werden hauptsächlich im September um die Baumstämme gewickelt und halten so in erster Linie Frostspanner, aber auch Ameisen und Blutläuse fest.

Eine vorbeugende Maßnahme gegen den Apfelwickler (Obstmade) ist, wenn Anfang Juli ein **Wellpappegürtel** um den Baumstamm gelegt wird. Die Raupen kriechen von unten hinein und können so samt Gürtel vernichtet werden.

Bei geringem Befall von Raupen an Gemüse oder Obstbäumen können die Schädlinge abgesammelt werden. Nester von Gespinstmotten an den Bäumen werden abgeschnitten und vernichtet.

Feld- und Wühlmäuse sind oft sehr schwer zu bekämpfen. Bewährt haben sich teilweise Giftköder oder eine Begasung der Gänge.

Nehmen **Bodenschädlinge** überhand, wie Erdraupen, Engerlinge, Drahtwürmer, Werren, Dickmaulrüßler etc., gibt es entsprechende Präparate, die in den Boden als Gieß- oder Streumittel eingebracht werden.

Erdraupen sind Larven von Eulenschmetterlingen, die ähnlich wie Engerlinge und Drahtwürmer die Pflanzen dicht unter der Erdoberfläche schädigen, aber auch junge Triebe abfressen. Sie sind schmutziggrau und bis zu 5 cm lang. Welkende Pflanzen werden mit dem Wurzelballen aus der Erde gehoben und die daran befindlichen Raupen abgesammelt und vernichtet.

Blattläuse vermehren sich in manchen Jahren explosionsartig. Bei starkem Befall werden die Obstbäume sehr geschwächt, so daß eine Spritzung unumgänglich ist. Das gleiche gilt bei vermehrtem Auftreten von Spinnmilben, Spanner-Raupen, Wickler-Raupen, Miniermotten etc.

Unter wolligen Wachsausscheidungen an Zweigen verbirgt sich die Blutlaus. Befallene Stellen werden herausgeschnitten.

Pflanzenschutzmittel

Eine Gleichgewichtsverschiebung gibt es natürlich immer wieder, und dann kommt man kaum umhin, zur Chemie zu greifen. Aber hier gibt es Mittel, welche die Nützlinge weitgehend schonen. Es gibt Präparate mit geringer Giftklasse und kurzer Wartezeit. Es muß darauf geachtet

werden, daß keine erntereifen Kulturen – weder im eigenen Garten, noch beim Nachbarn – von Spritzmitteln getroffen werden. Unterkulturen sind nach Möglichkeit abzudecken. Mit bienengefährlichen Mitteln darf nur außerhalb der Bienenflugzeit gespritzt werden, also am frühen Morgen oder am späten Abend. Es gibt eine »Verordnung über bienenschädliche Pflanzenschutzmittel«, nach der es verboten ist, blühende Unter- und Nachbarkulturen sowie blühende Unkräuter mit solchen Mitteln zu benetzen.
Auf den Packungen bienengefährlicher Pflanzenschutzmittel steht immer der Hinweis: »Achtung! Bienengefährlich!«.
Nicht zuletzt im eigenen Interesse sind die vorgeschriebenen Wartezeiten nach Spritzungen einzuhalten. Unter Wartezeit versteht man den Zeitraum, der zwischen der letzten Behandlung der Kultur mit einem Mittel und der Ernte verstreichen muß. Die Präparate werden in dieser Zeit chemisch abgebaut und sind dann unschädlich.
Auf den Gebrauch von Unkrautvernichtungsmitteln (Herbizide) kann im Kleingarten ganz verzichtet werden. Bei so kleinen Flächen kann das Unkraut auch in Handarbeit ausgerottet werden.
Um Unglücksfälle auszuschließen, sind folgende Punkte zu beachten:

- Angesetzte Spritzbrühen auf keinen Fall unbeaufsichtigt stehen lassen.
- Präparate nicht in bewohnten Räumen aufbewahren.
- Nach der Arbeit gründlich waschen.
- Die auf den Packungen angegebenen Gebrauchsanweisungen unbedingt befolgen und die Dosierung genau einhalten!
- Niemals Originalpackungen umfüllen in andere Behälter; die Weitergabe an Dritte darf nur in Originalpackungen erfolgen.
- Mittel unbedingt in einem verschlossenen, Kindern nicht zugänglichem Behälter aufbewahren.
- Beim Spritzen Schutzkleidung tragen. Auf keinen Fall nur mit Badehose bekleidet spritzen.
- Reste von Pflanzenschutzmitteln sowie nicht verbrauchte Spritzbrühreste müssen zur regionalen Sammelstelle für Sondermüll gebracht werden, unter Angabe des darin enthaltenen Präparates. Das gilt auch für Holzschutz- und Desinfektionsmittel-Reste. All dies darf auf keinen Fall auf den Kompost kommen!
- Nicht bei Wind spritzen oder stäuben, da sonst die feinen Teilchen auf andere Gemüse- oder Obstkulturen geweht werden.
- Während der Arbeit nicht rauchen, essen oder trinken. Alkoholgenuß vor, während oder nach der Arbeit kann gefährlich werden.
- Nie verstopfte Spritzdüsen mit dem Mund ausblasen.

Der Wasseranschluß

In der Regel ist in jeder Kleingartenparzelle eine Wasser-Anschlußstelle vorhanden, an der mehr oder weniger schöne Wasserbecken zu finden sind. Vor allem die von manchen Kleingartenämtern vorgesehenen Betonringe mit Boden sind nicht gerade ein Anblick, der große Begeisterung auslöst. Was die einzelnen Gartenbesitzer aber daraus machen, ist immer eine Sache des persönlichen Geschmacks. Man kann hier einiges tun, um der Wasserstelle ein gefälligeres Aussehen zu geben, z. B. durch eine Bepflanzung mit Gräsern, wie z. B. Lampenputzergras, Chinaschilf mit silbrigen Ähren, *Miscanthus sinensis* 'Silberfeder', Schwertlilien, Taglilien und einer Bergenie, die im Frühjahr rosa blüht. So bepflanzt, ist von dem Betonring kaum noch was zu sehen. Auch ein Anstrich mit einer Betonfarbe in einem dezenten Grün-Farbton könnte das Becken schon ein wenig schöner machen.
Verschiedentlich werden Wasserbehälter mit Mosaikfliesen verkleidet. Zugegeben, man ist momentan skeptisch, wenn man sich so etwas vorstellt. Schließlich soll es ja ein Gartenbecken sein, das zu Pflanzen paßt. Hat man aber einige gute Beispiele davon gesehen, fängt man an, Gefallen daran zu finden. Voraussetzung ist, daß ruhige Farben gewählt werden, die sich in das Gartenbild einfügen.

Das Material besteht aus 3,5 mal 3,5 cm großen Einzelfliesen, die immer nebeneinander auf 30 × 30 cm großen Blättern aufgebracht sind. Bei der Verarbeitung kann immer gleich das ganze Blatt aufgebracht werden. An den Rundungen, z. B. am Boden, werden Einzelfliesen benötigt. Zum Aufkleben dieser Blätter bzw. Fliesen wird ein Fliesenkleber verwendet, der frostsicher ist und sich sowohl für den Innen-, als auch für Außenbereiche eignet. Ferner braucht man Verfugungsmaterial. All dies bekommen Sie in Fliesenfachgeschäften oder bei Baumarkt-Centern.
Sehr zu empfehlen ist eine Abdekkung des Beckens mit einem Holzrost oder ähnlichem, vor allem wenn kleine Kinder da sind. Sie beugen

Mit Mosaikfliesen verkleidetes Wasserbecken.

sich zu gerne über den Rand des Beckens, um Wasser zu schöpfen oder um ihr eigenes Spiegelbild zu betrachten. Bei einer solchen Gelegenheit ist ein Nachbarskind schon einmal kopfüber in unser Becken gefallen.

Geräte

Als Gartenanfänger haben es viele schwer, aus dem Riesenangebot an Geräten das für sie brauchbarste und zweckmäßigste herauszufinden. Für die im neuen Garten anfallenden Arbeiten ist eine Grundausstattung an Werkzeugen nötig. Die Auswahl sollte aber so getroffen werden, daß man nur solche Geräte kauft, die auch später immer wieder Verwendung finden. Hier sei noch erwähnt, daß beim Kauf auf eine gute, solide Ausführung Wert gelegt werden soll. Solche Geräte sind zwar etwas teurer, haben aber meist eine wesentlich höhere Lebensdauer.
Wenn Sie in einer bereits bestehenden Anlage einen Garten bekommen haben, erkundigen Sie sich, ob vielleicht irgendwelche Gemeinschaftsgeräte vorhanden sind. In manchen Anlagen wurden für die Mitglieder Mäher, Leitern, Astscheren, Baumsägen oder Spritzen angeschafft, die man sich dann ausleihen kann. Die Anschaffung solcher Geräte könnten Sie sich dann sparen.

Als erstes wird in vielfach ein **Spaten** benötigt. Man verwendet den Spaten zum Umgraben, um Rasenkanten abzustechen und zum Herausnehmen von Stauden und Gehölzen. Er soll stabil sein, am besten aus handgeschmiedetem Stahl. Der Stiel ist meist Esche; ein T-Griff hat eventuell Vorteile.
Die **Schaufel** sollte eine Spitzschaufel sein. Sie wird dann benötigt, wenn Erde, Sand und Kies umzuschaufeln sind.
Mit dem **Pickel** (Kreuzhacke) werden harte Bodenstellen aufgelokkert, wenn Löcher für Gehölze oder Fundamente ausgehoben werden.
Sehr wichtig ist eine robuste **Grabgabel,** die immer wieder gebraucht wird. Sie ist schon bei der Gartenneuanlage unentbehrlich, um die Dauerunkräuter aus der Erde zu holen. Zum Lockern des Bodens und Umsetzen des Komposthaufens, zur Ernte von Wurzelgemüse und Kartoffeln und beim Umsetzen von Stauden und Gehölzen ist sie später ebenso nicht wegzudenken. Ein Universalgerät also, auf das man nicht verzichten kann.
Ein anderes unentbehrliches Gerät ist der **Rechen.** Er ist in breiter und schmaler Form erhältlich. Mit der größeren Ausführung ist im Normalfall mehr anzufangen, vor allem, wenn Gemüsebeete eben gemacht werden sollen, oder um Steine damit abzurechen. Auch beim Planieren der Rasenfläche vor der Einsaat wird er gebraucht.

Der **Fächerbesen** wird gerne dazu verwendet, um nach dem Mähen das Schnittgut aus dem Rasen zu entfernen. Laub und Steine sind damit gut aus den Beeten oder Wegen zu holen. Es gibt ihn in Nylon-Ausführung und mit Federstahlzinken. Ich komme mit letzterem besser zurecht, weil er elastischer ist.
Für die spätere Bodenbearbeitung im bereits fertigen Garten ist der **Grubber** ein praktisches Gerät. Er hat drei spitze, gebogene Zinken (Krallenform), mit denen vor allem schwere Böden gut bearbeitet werden können. Da er nur 10 cm breit ist, kann mit ihm auch zwischen den Kulturen gut gearbeitet werden.
Ebenfalls ein hervorragendes Gerät zur Bodenlockerung ist der **Krail.** Er hat 3–4 gebogene Zinken und ist sowohl im Frühjahr bei der ersten Bodenbearbeitung als auch im Sommer bei Kulturwechsel bestens geeignet.
Der **Bodenlüfter** ist eine Art Kultivator, aber nur mit einer Schar. Er dürfte häufig gebraucht werden. Mit seiner Scharbreite von nur 35 mm eignet er sich besonders für dicht stehendes Gemüse, zwischen Stauden und Sommerblumen oder unter Gehölzen zur Bearbeitung.
Mindestens eines der drei letztgenannten Geräte sollten Sie sich auf alle Fälle zulegen. Der Boden muß nämlich immer wieder durchgearbeitet werden, vor allem nach Regen, um eine Verkrustung der Erde zu verhindern. Infolge der Auflocke-

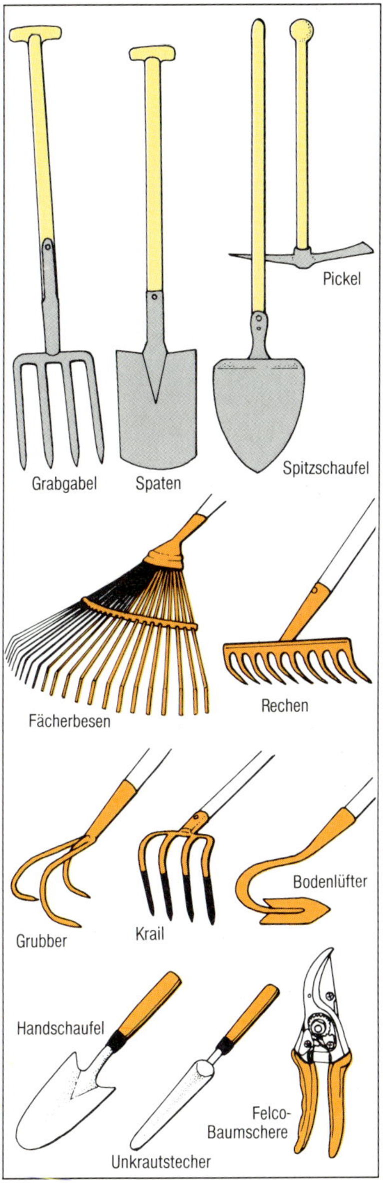

rung gelangt der für das Wurzelwachstum benötigte Sauerstoff in den Boden, und zugleich wird die Bodengare verbessert. Durch eine häufige Bearbeitung wird auch die schnelle Wasserverdunstung gestoppt und das Unkraut hat nicht viel Chancen.
Zu den wichtigen Kleingeräten gehört z. B. eine gute **Baumschere,** wenn Sie Obst- und Ziergehölze angepflanzt haben. Die Schweizer Felco-Schere ist zwar etwas teurer, aber auch unverwüstlich, und man kann Ersatzteile dazu kaufen.
Ebenso unentbehrlich ist eine gute **Pflanzkelle** (Handschaufel), gibt es doch das ganze Jahr über im Garten etwas um- oder einzusetzen. Sehen Sie aber zu, daß man Ihnen nicht ein Schäufelchen andreht, das sich beim ersten Einsatz schon verbiegt.
Um auch kleinere Stellen mal mit Gefühl durchlüften zu können, eignet sich besonders ein kleiner **Handgrubber.**
Auch bei noch so guter Pflege des Gartens läßt es sich nicht verhindern, daß Unkräuter mit einer langen Pfahlwurzel, wie Sauerampfer, Löwenzahn oder Disteln sich breitmachen, vor allem im Rasen. Ein **Unkrautstecher** tut dann gute Dienste. Man holt mit ihm auch die längsten Wurzeln aus dem Boden. Um Unkraut zwischen den Platten des Weges und der Terrasse zu entfernen, nehme ich gerne einen robusten Schraubenzieher, auch wenn mein Mann wegen einer derartigen Zweckentfremdung seines Werkzeugs heftig protestiert.
Der **Wasserschlauch** ist eigentlich ein Teil der Grundausstattung, ebenso wie die Gießkanne. Die Länge des Schlauches hängt von der Gartengröße ab. Man sollte damit auf alle Fälle von der Wasseranschluß-Stelle durch den gesamten Garten gehen können. Die Auswahl einer guten Qualität macht sich bezahlt, weil billige Plastikschläuche ohne Gewebe bald Knicke bekommen und dann an diesen Stellen brüchig werden.
Ganz praktisch sind dazu die Wasserschlauch-Stecksysteme der Firma Gardena. Ein sehr empfehlenswertes Teil ist z. B. der Gießstab. Mit ihm kann man empfindliche Pflanzen wie Prachtstauden, Tomaten, Sellerie, Gurken, Erdbeeren usw. von unten gießen. Der Strahl ist nicht so scharf wie bei der normalen Spritzdüse; dadurch verschlämmt der Boden nicht so schnell.
Die **Gießkanne** darf natürlich nicht fehlen. Sie sollte mindestens ein Fassungsvermögen von 10 Litern besitzen. Mit ihr wird man dann die empfindlicheren Pflanzen gießen, die abgestandenes Wasser aus der Regentonne bevorzugen.
Wenn die Spatzen hold sind und das Wetter günstig, werden auch frischgebackene Kleingärtner bald ihren Rasen haben. Was also liegt näher – ein **Rasenmäher** muß noch

angeschafft werden. Es dürfte wohl kaum eine Frage sein, daß bei so kleinen Flächen, wie sie in Kleingärten zu finden sind, ein Handrasenmäher vollauf genügt. Außerdem sind (wenigstens bis jetzt noch) in den meisten Anlagen Motor-Rasenmäher nicht erlaubt, was ich eigentlich ganz in Ordnung finde. Straßenlärm und Gestank haben die meisten doch ständig vor ihrer Haustüre, da will man wenigstens in seinem Gärtchen davon verschont sein.

Unter den Handrasenmähern gibt es verschiedene empfehlenswerte Fabrikate. Bewährt haben sich Mäher mit einer Schnittbreite von 40 cm. Er darf nicht zu leicht sein, weil bei einer guten Auflage der Schnitt gleichmäßiger wird. Da das Gras auch über die vorgesehenen Kanten darüberwächst, wird eine **Rasenschere** benötigt, damit die Rasenränder sauber nachgeschnitten werden können.

Für die Anlage des Gartens wird eine **Schubkarre** benötigt. Verschiedentlich tun sich Gartenfreunde zusammen und kaufen sich gemeinsam eine Karre. Es ist jedoch von Fall zu Fall verschieden, wie oft man später so ein Ding noch braucht. Für den Transport von Material, Torf, Getränken oder Müllsäcken wird man auf alle Fälle eine Schubkarre benötigen.

Baumsäge, Obstbaumspritze und Astschere, sind Geräte, die erst in einem einigermaßen eingewachsenen Garten gebraucht werden.

Bei Verwendung der **Astschere** werden Sie merken, wie praktisch sie zu handhaben ist und wie leicht es ist, damit dickere Äste abzuschneiden. Die Schere hat lange Griffe mit einer ausgezeichneten Hebelwirkung. Gerade für Beerensträucher und Ziergehölze zum Auslichten ist sie bestens geeignet.

Für einen späteren Obstbaumschnitt ist eine **Baumsäge** unerläßlich bei Ästen, denen mit einer normalen Baum- oder Astschere nicht mehr beizukommen ist. Zu diesem Zweck wäre eine Säge mit verstellbarem Blatt am besten, weil man nicht überall gut an das Astwerk herankommt.

Wenn sich – was ja immer wieder geschieht – Schädlinge in einem Bereich explosionsartig vermehren, wird man an den Kauf einer **Spritze** denken. Mit ihr können sowohl chemische, als auch biologische Mittel zum Einsatz kommen. Da gibt es z. B. einen Feinsprüher »Floretta« von der Firma Gloria für 1 Liter Füllinhalt. Er würde genügen, wenn keine Obstbäume oder größeren Ziersträucher zu spritzen sind.

Von der gleichen Firma wurde auch eine Hochdruckspritze für 5 Liter Inhalt entwickelt. Arbeitsdruck 3 atü, mit eingebautem Überdruckventil und Manometer.

Das war eine kleine Auswahl von Gartengeräten, die zur Grundausstattung gehören und die für einen Kleingarten reichen sollten.

Register

Register

Weiterführende Literatur zum Thema

Martin Stangl

Mein Hobby der Garten

Wertvolle Tips: Gartengestaltung, Gerätekunde, Düngung, Pflanzenschutz, Einjahrsblumen, Zwiebelpflanzen, Stauden, Rosen, Gehölze, Rasen, Obst, Gemüse und Kräuter.

6. Auflage (Neuausgabe), 263 Seiten, 296 Farbfotos, 36 farbige Zeichnungen mit 88 Einzeldarstellungen, 3 farbige Pläne

BLV Gartenberater

Elisabeth Schmitt/Karlheinz Jacobi

Der Garten im Jahreslauf

Der praktische Gartenkalender: Informationen über die monatlichen Arbeiten im Gemüse-, Obst- und Ziergarten, über Rasen, Balkon- und Kübelpflanzen, Geräte und Zubehör.

6. Auflage (Neuausgabe), 191 Seiten, 85 Farbfotos, 58 s/w-Fotos, 20 Zeichnungen

BLV Garten- und Blumenpraxis 311

Helga Fritzsche

Gemüseanbau im eigenen Garten

46 verschiedene Gemüsearten mit speziellen Ansprüchen, Verwendungsmöglichkeiten, Pflege und Ernte.

2. Auflage, 126 Seiten, 85 Farbfotos, 12 s/w-Fotos, 63 Zeichnungen

BLV Garten- und Blumenpraxis 307

Martin Stangl

Obstanbau im eigenen Garten

Merkmale, Ansprüche, Pflege, Ernte und Lagerung von Äpfeln, Birnen, Pflaumen, Kirschen, Nüssen.

2. Auflage, 126 Seiten, 63 Farbfotos, 57 s/w-Fotos, 8 Zeichnungen

In unserem Verlagsprogramm finden Sie Bücher zu folgenden Sachgebieten:

Garten und Zimmerpflanzen · Natur · Haus- und Heimtiere · Angeln, Jagd, Waffen · Sport und Fitness · Pferde und Reiten · Wandern und Alpinismus · Auto und Motorrad · Essen und Trinken, Gesundheit · Basteln, Handarbeiten, Werken.

Wünschen Sie Informationen, so schreiben Sie bitte an:
BLV Verlagsgesellschaft mbH, Postfach 40 03 20, 8000 München 40.

BLV Verlagsgesellschaft München